道友社
きずな新書
013

縁あって「家族」

吉福多恵子

目次

第二章　幸せを呼ぶ言の葉

第三章　〃陽気ぐらし家族〃へ……121

※装画……榎森彰子

本書の第一章、第三章は、ラジオ天理教の時間「家族円満」（二〇一三〜二〇二〇年）から、第二章は『人間いきいき通信』連載「家族のハーモニー」（二〇〇一〜二〇〇二年）、『天理時報』連載「『あなたへ』一筆申し上げます」（二〇〇六年）、『陽気』連載「言の葉だより」（二〇〇九〜二〇一〇年）から選んだ原稿に、それぞれ加筆したものです。

第一章

子供の心に映すもの

見えないものを見る

天理教教会本部では毎年、元旦祭にお供えされた鏡餅《かがみもち》をお雑煮《ぞうに》にして参拝者に振る舞う「お節会《せち》」という行事が行われます。今年も一月五日から七日までの期間中、何万もの人々が、素朴な味わいのすまし雑煮に舌鼓を打ちました。

私は毎年、このお節会の会場で接待係を務めています。ずらっと並んだテーブルの一列を持ち場として、来場者にお餅や水菜が満遍なく行きわたるように、お汁は熱いものをお出しできるようにと、チームでたすけ合って笑顔の接待を心がけるのです。

そんななか、すてきな場面に出合いました。

私の持ち場のテーブルに、小学校低学年の子供たち五、六人が座っていました。お雑煮はもう食べ終えたかなと思って見ていると、そのなかの一人の女の子が水筒を取り出しました。そして、ふたにお茶を注ぐと、左の手のひらにのせ、右手を脇に添えて、茶道でお抹茶を頂くように口に運びました。その仕草がとても上品でかわいくて、思わず見とれてしまいました。

さらに女の子は、お茶を飲み終えると、テーブルに出していたティッシュペーパー一枚で、ふたの飲み口を拭《ふ》き、中の水滴をきれいに拭き取って仕舞ったのです。

お茶を飲む作法、水筒を仕舞う所作、きっと日ごろからお母さんがする様子を見て、自然と真似《まね》をするようになったのでしょう。素晴らしいお手本だなあと、お会いしたことのないお母さんにも思いを馳《は》せました。

これとは対照的に、たった一度で身についてしまう悪いお手本もあります。私の子供が小さかったころ、暑い夏の日の思い出です。

あるとき、扇風機の前を通りかかると、誰もいないのに、つけっ放しになっていました。もったいないなあと思い、消そうとしたのですが、あいにく両手はたくさんの洗濯物でふさがっていました。それでつい、足先でチョンとスイッチを押したのを、いないと思っていた子供にしっかり見られてしまったのです。「しまった〜」と思ったけれど、もう遅い。その日から子供は足で扇風機をつけ、タイマーを指で挟んで回せるようになりました。

親の思いとは関係なく、子供たちは見た通り真似をするのですね。

先日、看護師をしている友人から、こんな話を聞きました。

彼女が新人のころに配属された部署は、もう治る見込みのない、意識もない患者さんの多い病棟でした。

明日をも知れぬ命、面会に来る家族も少ない現場で、患者さんへの看護師の対応は、はっきり二つに分かれていたそうです。意識がない患者さんにでも声をかけながら丁寧に接する看護師と、誰も見ていないのをいいことに手荒な扱いをする看護師――。

「ベテランだから、新米だからという差ではなく、そこに見えたのは、看護師一人ひとりの持つ人間性だったように思う。看護師になりたての私には、つらい現場だった」

それにしても、この差は一体どこから来るのでしょうか。人が見ていても見ていなくても最善の行動ができる、誰も見ていないところでも心に恥じない行いができる、そういう人間でありたいものです。

小さいころから神様に手を合わせることを親に教えられて育った自分は幸せだと思います。私たちが生きるこの世には、目には見えないけれど、畏《おそ》れ敬い、尊ぶべき存在が確かにあります。危ない道に踏み込みそうになったとき、「それでいいのかな？」と心に問いかけられ、道を誤らずに済んだことが、私には幾度となくありました。

世の中は、ものすごいスピードで変化しています。しかし、どんなに社会が変わろうと、人として変えてはならない大切なものがあります。父と母が私の心に映してくれた神様の教えが、子や孫たちの心にも染み込んで、日々の行いの基準となってくれるよう願っています。そのためには、やはり親の日々の通り方が問われるのでしょう。

件《くだん》の少女の姿は、私にそのことを教えてくれました。

花として、人として

何年か前、お客さまを迎える設《しつら》えにと生けた蠟梅《ろうばい》があまりにもかぐわしく、透《す》けるような花びらの美しさにも魅《み》せられて、以来、大好きな花になりました。静岡に住む信者さんのお宅に、すてきな蠟梅の木があります。暖かい土地柄ゆえ、一月に訪れるともう満開。木全体が黄色く染まり、まるでそこから辺り一面に暖かい光がこぼれ出しているかのようです。

「わが家にも欲しいなあ」。そんな念願が叶《かな》って、信者さんが挿し木をしてくださり、わざわざ持ってきてくださいました。どこに植えようかしら……と考えた末、日当たりも良く、玄関を出ると真っ先に見える場所に決め、主人に植えてもらいました。

以来、まだかな、まだかなと待ち続けて三年、今年初めて花を咲かせてくれました。小さなつぼみを見つけたときの感動。花開いたときの喜び。用もないのに何度も外に出ては、屋根まで伸びた枝を見上げ、数えるほどの花を愛《め》でて、ひとり悦に入っています。目を閉じると、まだ生まれたての花たちの若々しい香りが、うっすらと漂っています。

それにしても不思議です。親木から切り取った一本の枝が、見知らぬ土地に新しい命の根を下ろし、私の目の前で親木と同じ花を咲かせてくれるなんて。この木は与えられた命を全《まっと》うしようと、ひたむきに努力し続けているのだと思うと、「よく頑張っているね」と声をかけたくなりました。そしてふと、自分は自らに与えられた命を、人間らしく懸命に生きているだろうかと考えました。

名古屋に住む姉は、十年以上前に夫を亡くし、その後は一人娘と二人だけの生活を送っていました。その娘が七年前、単身オーストラリアへ旅立っていきました。

最初は、人生のステップアップを目指しての短期留学だろうと思っていたのですが、語学学校を終えて現地で働き始めると、仕事先のオーナーにすっかり信頼され、ほどなく店舗を任されるようになりました。また、友達の輪もどんどん広がっていきました。当時、まだ日本ではなじみの少なかった「シェアハウス」という、一軒の家を何人かで借りて住む暮らしのなかでも、シェアメイトの日本人留学生や、同じように現地に住む若い日本人のお姉さん的存在として慕われるようになっていたそうです。

ブログなどで姪《めい》の楽しそうな海外生活を知るうちに、そのままオーストラリアに永住してしまうのかしらと心配していましたが、昨年やっと日本に帰ってきてくれました。

帰国後、姪から聞いた話によると、最初は親や知り合いのいない生活が心細かったそうです。けれども、町で出会う人が、目が合えば見ず知らずの自分にでもニッコリほほ笑んでくれる。誰かが困っていれば、必ず誰かがそっと手を差し伸べてくれる。そんな優しさに満ちたオーストラリアの地が大好きになったということでした。

さらに、こんな話もしてくれました。日本に帰ってみると、七年前以上に、またオーストラリア以上に便利で快適な生活を送れるようになっている。けれど、それと引き換えに、人と人とがつながり合う生き方が、置き去りにされているように感じる。私はせっかく二つの国の良さを知ったのだから、それらを融和させながら、多少不便でも人を大切にする生き方をしていきたい――。さまざまな体験を通してたくましくなった姪の姿は、とても頼もしく見えました。

私は、姪の成長は本人の頑張りもさることながら、彼女の両親である兄と姉の存在が大きく影響していると感じました。

兄はとても懐の大きい人で、たくさんの従業員を抱えて仕事をしていました。面倒見が良く、みんなから「おやじさん」と慕われていました。また姉は、親孝行にかけては天下一品です。さらには、周囲の人への気配りが行き届いていて、私が尊敬する最も身近なお手本です。

遠く離れたオーストラリアの地で、姪が人の縁に恵まれた日々を過ごせたのは、そんな両親の、人と人とのつながりを大切に思う生き方が実を結び、陰で支えてくれたのだと思います。

子供は成長すれば、やがて親元を離れていきます。親が子供に残してやれるものは、ひたむきな自らの生きざまであると強く思います。

あの蠟梅が蠟梅たろうとするように、私たち人間も、人間としての生きる意味を次の世代に伝えていきたいものです。

教祖《おやさま》は、「人間は、互いにたすけ合って、陽気ぐらしをするために生まれてきた」と教えてくださいました。自分勝手な心の欲をきれいに払い、人を思いやる「陽気ぐらし」という生き方を、家族や社会に伝えていきたい。姪の話を聞きながら、私は思いを新たにしたのでした。

弥生の空に昔も今も

三月三日は桃の節句。おひなさまを飾る、女の子のお祭りです。

長女が生まれたとき、父はよほどうれしかったのか、それほど余裕のないなか、ひな人形をあつらえてくれました。店内に所狭しと並ぶおひなさまのなかから父が選んだのは、渋い草木染めの十二単《ひとえ》をまとった、上品な顔立ちの木目《きめ》込み人形でした。もっと子供が喜びそうな、華やかなのを選べばよかったのに……と、周りから言われましたが、私は自分がおひなさまを買ってもらったことがなかったので、あることだけでうれしくて、とても幸せな気持ちでした。

年に一度のおひなさまとの出会いは、とても愛《いと》おしく、「今年も会えましたね」と言葉をかけながら面ざしを眺めるのは、どちらかといえば娘よりも私の楽しみだったような気がします。

それから長い歳月を経て、娘の結婚が決まったとき、「そうだ、息子たちがボール遊びで壊してしまった、おひなさまの指を直してあげないと」と思い立ちました。お店に持っていったところ、「指は元通りに直せますよ。ほかには傷もありませんね。三十年もの間、これほど大切にしてくださって、ありがとうございます」と感謝され、お礼の気持ちですからと無償で修理してくださったのには驚きました。

職人さんにしてみれば、一体一体がかわいいわが子のような存在なのだと、そのとき思いました。大切にしてきたことをこんなに喜んでもらえて、とても豊かな気持ちになりました。

私が生まれ育ったのは奈良県の高取町《たかとり》という所で、日本三大山城に数えられた高取城の城下町です。今は石垣しか残っていないのが残念ですが、お城のある高取山へと続く町並みは、道の両端に水路があり、連子《れんじ》窓の民家が見られ、趣《おもむき》のある風景です。

小さいころの思い出といえば、この水路の上に架けられた橋をぴょんぴょん飛び渡っていて、ドボンと水路にはまってしまったり、家の近くのレンゲ畑でままごとをした帰り道、道路際の有刺鉄線に足を引っかけて真っ逆さまに地面に転落したり、内緒で友達と小川へ行って、大人の手を煩《わずら》わせるような大ごとになってしまったり……。両親には、ずいぶん心配をかけたと思います。

こんなに緑豊かで静かな町。若いころは、なんだか物足りないなあと思っていたふるさとが、最近とても元気です。町おこしの風が爽《さわ》やかに吹いて、多くの人が訪れてくださるとか。

兄に勧められ、弥生《やよい》三月のある日、夫と久しぶりに里帰りをしました。聞けば、三月のひと月の間、高取の町は「町家の雛《ひな》めぐり」と題して、おひなさま一色のイベントが開かれ、遠くから大型バスで訪れる人もあるほどの賑《にぎ》わいなのだそうです。

案内マップを手に町内を回ってみました。百軒を超すお宅が、おひなさまを飾りつけて一般公開しています。そのなかの旧家に伝わる立派なおひなさまにつけられたコメントには、一緒に飾られているつるし雛や小物は、お姑《しゅうとめ》さんとお嫁さんの手作りとありました。「娘や孫の幸せを願って一針一針運びながら、どんな会話をしたのかしら」と想像するだけで、温かい気持ちになりました。

　初孫の新しいおひなさまと、おばあさんとお母さんが嫁いできたときに一緒にやって来た古いおひなさまが並んでいるお宅もありました。三世代同居は、ちょっと我慢もいるけれど、助けられるところも大いにあって、喜びや楽しさが何倍にもなります。おひなさま同士も寄り添っているようで、ほほ笑ましく感じました。

　圧巻は、五百体ものおひなさまが、天井に届きそうな十五段のひな壇に飾りつけられたメーン会場です。数もさることながら、どのおひなさまも、それぞれの歴史を持っていま、ここに飾られているのだと思うと感慨深く、時間の経《た》つのも忘れて見入ってしまいました。

　この企画がどのような経緯で始まったのかは知りませんが、町おこしを通して一番変わったのは、きっと、この町に住む人々だろうと思いました。玄関や庭先にお邪魔しただけでも、その家の雰囲気は伝わるものです。どのお宅も、見に来てくださる方に喜んでもらおうと、心を込めて飾りつけに工夫を凝らしている様子が垣間《かいま》見えました。

その昔、娘や孫の幸せを願い、おひなさまを贈った親心。いま、その親心を受けた子供たちが、次の世代へ感謝の心を伝えていく。「町家の雛めぐり」が、そんな世代を超えた人と人との心をつなぐ機会になったのなら、おひなさまもきっと喜んでくれることでしょう。

ふるさとの弥生の空に、私は母を、父を思いました。

「お父さん、お母さん。私はおひなさまに頼らなくても、あなたたちから大切な宝物を頂きました。芯《しん》の通った生き方も、人を敬う心も、人を包み込む温かさも、生活のなかで心に映してもらいました。二人がどんななかも、信仰の火をともして歩き続けてくれたおかげです。今度は私が子や孫に残していきますね。それが二人へのご恩返しですから」

やっぱり、ふるさとはいいですね。元気がいっぱい湧《わ》いてきました。

思い出は半切り桶と共に

わが家にある大きな半切り桶《おけ》。半切り桶とは、お寿司《すし》を作るときに、ご飯にお酢を混ぜ合わせる木製の桶のことです。私が嫁いできたときには、すでに十分に使い込まれていて、なんともいえない風格が漂っていました。おそらく半世紀以上、わが家の台所を見てきた〝台所の主《ぬし》〟のような存在です。

釘《くぎ》を一切使わず、木の板を組み合わせて作られているので、長年使っているうちに、周囲を締めている金属製のタガが緩んだり、底板が反ったりして、板と板の間に隙間《すきま》ができて、お酢が漏れてしまうことがあります。そのたびに、タガを締め直したり、ゆがんだ底板をなんとか合わせて隙間をなくしたりと、ご機嫌をとりながら今日まで使ってきました。

使うたびに「もう限界かな」と思うのですが、愛着が強くて、街で新しい半切り桶を見つけても、「もうちょっと頑張ろう」と買いそびれています。

私が結婚して初めて教《おそ》わった「わが家の味」、それは、ちらし寿司でした。中に入れる具は、酢サバ、ちくわ、ゴボウ、ニンジン、シイタケが定番で、ほかに季節の野菜、上には錦糸卵と海苔《のり》、紅ショウガを飾るという、素朴で簡素なものでした。教会の信者さんが集まる日をはじめ、子供たちの誕生日、入学や卒業などの節目、ひな祭りやこどもの日などには、必ずと言っていいほど食卓に登場しました。

夫のきょうだいが、こんな思い出話をしてくれました。

「私たちが小さいころ、友達の間でお誕生日会が流行《はや》っていてね。よく誘われたけど、自分の誕生日にみんなを呼んでお誕生日会をするような余裕は、うちにはないと思って諦《あきら》めていたのよ。そうしたら、お父さんが『みんなを呼んできてもいいよ』と言うので、ケーキも買えないのにどうするんだろうと思ったけれど、とにかくお友達を誘ったわ。その日、ドキドキしながら学校から帰ってきたら、この大きな寿司桶に、ちらし寿司がいっぱい作ってあってね。来てくれたお友達は大喜びしたの。その後しばらく、お友達の間では、私のお誕生日会が有名になったのよ」

豪華な誕生日ケーキは買えなくても、子供が肩身の狭い思いをしないようにと、工夫を凝らしてくれた両親の思いが感じられて、ほのぼのとした気持ちになりました。

そういえば私も、子供の心を育てるうえで大切なことを父から教わりました。長男が生まれて、よちよち歩きを始めたころのことです。七月七日、七夕《たなばた》の日の朝、父が唐突に「七夕竹を取ってきたか？」と聞くのです。

私は何のことか分からなくて、とっさに「はぁ」と生返事をしてしまったのですが、父は「子供を育てるということは、節目節目を大切にしていくことだ。お金をかける必要はないが、心をかけてやることが大事なんだよ。今日は七夕の日といえば、河原へ行けば竹の一本も切ってこれよう。そうして飾りをつけて一緒に楽しんでやる。子供の心は、そんななかで育つんだ」と話してくれました。

この後、出かけた父は、自転車で竹を引っ張りながら帰ってきました。まだ七夕の意味も分からない幼子を横に置いて、私は短冊に願い事を書き、折り紙でたくさん飾りをつけました。夕暮れ時、さやさやと音を立てる笹《ささ》の葉擦《ず》れがなんとも心地よく感じた、初めての七夕祭りでした。

時が経《た》ち、三人の子供たちもそれぞれ家庭を持ちました。長男と次男夫婦は現在、子育て真っ最中です。

先日、アメリカで暮らす六歳の孫が、日本語のスピーチコンテストに出場することになり、練習風景をビデオに撮って送ってくれました。

「ぼくは公園で遊ぶのが好きです。日曜日には、お父さんとお母さんと弟と、四人で公園へ行きます。公園では、ブランコに乗って遊びます。いっぱい遊んだら、おなかがすきます。ぼくはお母さんの作ってくれた、おにぎりを食べます。とってもおいしいです。でも本当は、ドーナツが食べたいです」

なんともほほ笑ましい作文でした。後日、嫁から手紙が届きました。

「コンテストで運よく賞がとれたので、ご褒美《ほうび》に四人でドーナツ屋さんへ行き、それぞれ食べたいドーナツを選んで、四等分して全部の味を味わって食べました。子供たちは大喜びでした」

出先で好きなものを買って食べるほうが楽なのに、嫁もお金はかけずに心をかけて、孫たちの心を育ててくれているようです。

いつか孫たちが帰ってくる日に、この半切り桶で、ちらし寿司を作って迎えてあげようと思います。それまでこの桶には、現役で働いてもらわなければなりません。そう、わが家のちらし寿司レシピを嫁に伝えるその日まで。

根っこの物語

　ぽっかりと浮かぶ雲に夏を感じています。サクラ、ボタン、ツツジと、今年もきれいに咲いてくれた花々が一段落し、わが家の庭は青々とした緑に包まれています。

　草取りが本格化するのもこのころで、長袖《ながそで》シャツと大きな帽子は必需品です。年とともに、毎年抜かれる運命の雑草たちに愛《いと》おしさを感じるようになりました。茎が電気コードくらいの太さの草が、ひょろーっとしながら三〇センチも四〇センチも伸びていきます。硬くて幅もある三〇センチ物差しを地面に突き刺しても、こんなにうまくは立ちません。雨が降っても風に吹かれても、ゆ~らゆ~らしながら伸び続けて、花を咲かせる姿には感動さえ覚えます。

根がある、根につながっているということは、すごいことだと思うのです。いくらきれいに咲き誇っていても、花瓶に生けた切り花は、いつか枯れてしまいます。しかし根のある花は、踏みつけられても、明日にはまた頭をもたげています。冬になり、枯れてしまったかと思いきや、土の下でどんどん根を張って、次の春には前年以上にたくさんの芽を出し、花を咲かせます。

人間も同じではないかと思うようになりました。私たちの根は、どこにあるのでしょうか。


やっと一人歩きができるようになった孫が、歩くのが楽しくて仕方がないとでもいうように、トコトコと、どこまでも歩いていきます。母親が呼び戻そうとしても、時々こちらを振り返っては、また勢いよく歩いていきます。やがて、離れすぎたのでしょうか。母親の姿が見えなくなって、さあ大変。泣いて辺りを捜し始めました。やっと見つけると、飛びついて抱きしめてもらい、その胸に抱かれるや、すっかり安心して眠ってしまいました。お母さんは、根っこ。子供にとって、母親に見守られているという安心感が、どれほど大きいものかと感じます。

私は三人の子供を授かりました。子供たちがそれぞれ成長し、やがて自分の行く道を模索し始めたころ、一番頼りになったのは夫の言葉でした。

長男が大学卒業後に南アフリカへ行きたいと言いだしたときも、次男が大学生活でやんちゃをしたときも、娘が留学したいと話を切りだしたときも、子供たちの思いにじっくりと耳を傾け、そのうえで危ない道へ行かないよう、適切なアドバイスをしてくれました。おかげで子供たちは、自信を持って自分らしい生き方を見つけることができたと思います。

お父さんは、根っこ。普段はもの静かですが、ここぞというときには子供たちの傘になったり、防波堤になったりして、家族を一つにつないでくれている大きな存在です。

さて、そんな私たち夫婦も、これまで親にどれだけ苦労をかけて育ててもらったことでしょう。父は亭主関白を絵に描いたような人でした。それは母の内助の功があってのことだったと、いまにしてつくづく思います。

晩年の父は、どこへ行くのも母と一緒でした。二人そろって出かける後ろ姿は、とても楽しそうで、「あぁ、私たち夫婦もこんなふうになりたいなあ」と思ったものです。

母を囲んで家族やきょうだいが集まると、必ず父の思い出話が出ます。父の分まで長生きしてねと、きょうだいが母親孝行している様子を見るのは気持ちのいいものです。おじいちゃん子だった娘の机の上で、今日も父の笑顔が娘を見守っています。

おじいちゃんとおばあちゃんは、根っこ。父と母はその背中で、そして言葉で、さまざまなことを教えてくれました。

人は一人では生きていけません。時に心を倒すような出来事が起こっても、家族という根っこに支えられるからこそ、乗り越える力が湧《わ》いてくるのではないでしょうか。

天理教では、神様と人間は親子であると教えていただきます。この世と人間をお創《つく》りくださった親神様。私たち人間はみんな、親神様を親と仰ぐ兄弟《きょうだい》姉妹なのです。

大学を卒業した長男が二年間、南アフリカへ行くことになったとき、「なにもそんな遠い所へ行かなくても」と言うと、「お母さん、どこにいても親神様に守っていただいたら大丈夫だよ」と返されました。

そうでした。親神様という根っこにつながる私たち人間です。

親神様から始まった、根っこの物語。長い長い歴史を刻んで、私たち、子供たち、そして孫たちへと受け継がれていきます。その間には、途切れそうになったこともあったはずです。これからも、あるかもしれません。でも、どんなことがあっても大丈夫、根っこにさえつながっていれば――。

今度孫たちが帰ってきたら、話してあげましょう。長い長い、根っこの物語。

母から受け継ぐ〝いいあんばい〟

夏の一日。照りつける日差しに、軒先には直径一メートル以上ある竹製の丸いザルが干してあります。一年に一度だけ使われるこの大きなザル、梅干しの土用干しのためのものです。

結婚して間もないころ、母がこのザルを物置から出してくるのを見て、何に使うのだろうと、その大きさに驚いたことがあります。里の母も、梅酒や梅干しを漬けていましたが、こんな大きなものは使っていませんでした。きっと、それほどの量でもなかったのでしょう。

梅雨《つゆ》入り前、スーパーに泥つきらっきょうや梅の実が並び始めると、普段はおっとり型の母が、なんだかとってもウキウキして、張りきっているように見えました。らっきょう漬け、梅酒、梅干し、梅ジュース、この四点セットの仕込み作業は、母の年中行事だったからです。私が台所を預かるようになってからも、「これだけは私の仕事」とばかりに、毎年、この季節になると楽しそうに作っていました。

おかげで私は、母に任せきりでした。特に、らっきょうはあまり好きではなかったので、台所中がらっきょうの匂《にお》いで満たされる時期には、早く終わらないかなあと、いまから思うと申し訳ない気持ちで日々を過ごしていたのです。

やがて時が経《た》ち、母も次第に老いて、年中行事が二年に一度になり、不定期になってきて、私はふと気がついたのです。ずっと続くと思っていた母の年中行事が、このままでは途絶えてしまうかもしれない。毎年、広口瓶を台所のテーブルいっぱいに広げて、ひと粒ひと粒、慈しむように梅の実を焼酎《しょうちゅう》で洗っていた、あの姿が見られなくなってしまう——。これは大変！　いまのうちに教《おそ》わっておかないと……そんな気持ちから、私も梅干しや梅酒を漬けるようになりました。

自分で漬け始めてみれば、苦手だったらっきょうも、おいしいと感じられるようになったのですから不思議です。今年も泥つきらっきょうをスーパーで見かけました。そろそろだなと、心の準備体操。まずは、らっきょうの塩漬けから始めます。すると、それをどこかで見ていたかのように、一本の電話が入るのです。

「奥さん、梅の実が大きくなってきましたよ。今年は豊作でね、大きいですよ。あちこちから採りに来ますが、一番良さそうな一本の木だけは『教会へ届ける分だから、手をつけるんじゃないよ』と言ってあります。奥さんが教会にいる日に合わせて採って送ります」

近年、私が梅を漬けるのを知った信者さんが、欠かさず梅の実を送ってくださるようになったのです。

届いた梅はぷっくりと大きくて、部屋中にいい香りが漂います。さっそく神様にお供えしてから、私の年中行事の本番が始まります。

大きなボウルで、梅酒、梅干し、梅ジュースと、用途別に分けて梅を洗い、あく抜きのため、しばらく水に浸《つ》けておきます。次の作業の準備をしながら、時々梅に目をやると、ボウルの水が日の光を反射するのか、色がころころと変わってとてもきれいです。

昼下がり梅の実ぷかり水きらり

俳句の宿題も一句できました。

梅酒用の青梅は、母がしていたように、もいだところのホシを取って焼酎の中で転がして、同じように焼酎で中をきれいに拭《ふ》きあげた広口瓶に、ひと粒ひと粒入れていきます。量が多いので時間がかかりますが、ゆったりした気持になる至福の時でもあります。

梅干し用にと、赤みが出るまで少し待っていた梅は塩漬けにします。塩分は抑えめに。また梅ジュースは、氷砂糖、グラニュー糖、三温糖と、使い分けることで味わいが変わり、楽しみが三倍になります。

こうして全部漬け込んだあとも、梅ジュースが発酵しないように、梅干しの塩漬けがカビないようにと、気を使いながらの毎日です。やがて、梅干しに赤《あか》紫蘇《じそ》を入れ、真夏の太陽の下で土用干しを終えたら、今年の年中行事は終わりです。

母に代わって、こうしてらっきょうや梅を漬けるようになって十年以上が経ちました。最近、思うことがあります。私は、母から梅干しや梅ジュースなどの味だけではなく、風景も受け継いだのではないか。家の中でお母さんが梅酒や梅干しを漬けていた、そのときの仕草や時間の流れ、それらを風景として、幼いころから子供たちの心に映しておくことが大切なのではないか、ということです。

母から受け継ぐ〝いいあんばい〟。あんばいという言葉は、元々は塩と梅酢を合わせた調味料のことを意味し、そこから味加減のよいことを指すようになったといいます。さらに広く、物事の具合や調子がいいことも表すようです。毎年の梅酒や梅干しが、いいあんばいに出来上がるのもうれしいことですが、それを通して家族や人々の関係も、いいあんばいになってこそ、労力を惜しまず作った甲斐《かい》があるというものです。

九十二歳の母は、私が漬けた梅酒で、キュッとおいしそうに晩酌するのが、もう何年もの日課です。それが何より母の元気な証拠。その姿に家族みんなが笑顔になります。

さあ今年も、もうすぐ梅酒の味見ができそうです。その前に、今日はちょっと特別に、何年か前の梅酒を開けて、みんなで乾杯といきましょう。

幸せの赤いポスト

長男夫婦と二人の孫がアメリカへ渡って二年が経《た》ちました。

近況を知らせてくれる嫁の手紙は、いまでは大きな箱いっぱいになっていま す。出発のときは片言しか話せなかった孫たちも、おしゃべりができるように なり、幼児特有のおもしろ発言を連発する様子を逐一報告してくれるので、毎 日ポストを開けるのが楽しみです。

ほかにも息子からのビデオレターや、孫たちからのテレビ電話、それに加え て最近、字を書けるようになった孫からの手紙も届くようになりました。「おじいちゃん、おばあちゃん、アメリカにきてください。おねがいします」と書かれた文字を見たときは、すぐにでも会いに行きたい気持ちに駆られました。

先日、その長男家族が一時帰国し、家の中がいっぺんに賑《にぎ》やかになりました。会う前から、聞きたいこと、話したいこと、連れていってやりたい所など、私の思いは膨らみました。

「孫たちと何をして遊ぼうか。そうだ！　お手紙ごっこをしよう」と思い立ち、早速、主人にポストを作ってもらいました。私は投函《とうかん》口と取り出し口さえあればいいと思っていたのですが、手先の器用な主人は気合十分。菓子箱に真っ赤な紙を貼《は》って、郵便マークまでついた、本物そっくりのポストを作ってくれました。

孫たちはこのポストが大いに気に入ったようで、毎日何通もの手紙を投函し、配達の当番のときには取り出した手紙をみんなに配ってくれました。

考えてみると、手紙は遠く離れている人に思いを伝える手段ですが、また一つには、普段、面と向かって口にしにくいことを、さらりと言ってしまえる力があると思います。

「おばあちゃん、げんきですか。あえてうれしい」

紙いっぱいに書かれた上の子の力強い大きな文字に、胸が熱くなりました。

この子は出産の前に大きな病気が見つかり、未熟児で生まれました。成長してくれたことだけでも感謝ですが、初対面の人とうまく関われなかったり、特定のものにこだわりがあったりして、アメリカへ行くと決まったときは、とても心配しました。

現地の幼稚園では言葉の壁に突き当たり、泣いて登園を拒否したこともあったそうです。大人でもつらいと思われる環境を通り抜け、いまでは友達とも仲良く遊べるようになり、クラスにも溶け込んでいるとのこと。頑張り抜いた自信が文字にも顔つきにも表れていて、ひと回りもふた回りも大きくなったような気がします。

それにしても、孫たちの手紙は、なぜ心に響くのでしょう。まだ少ししか語《ご》彙《い》を持ち合わせていないというのに。いや、だからこそ素直な思いが言葉にこもって、読む者の胸に響くのかもしれない――そう思い至りました。それに比べて、普段の自分は、ついつい多くの言葉を使い過ぎ、かえって相手に思いが届いていなかったのではないか、紋切り型の味気ない言葉を使ってはいなかったか――お手紙ごっこは、図らずも自分自身を顧みる機会になりました。

ほかにも、たくさんの絵を描いた手紙が届きました。一見しただけでは意味の分からない絵にも、描いた本人に聞いてみると、意外なストーリーがあり、どんどん会話が広がっていきました。

ある絵について「どうしてお父さんのお顔だけ、お口が開いているの？」との私の質問に、「お父さんはね、ぼくの誕生日ケーキを早く食べたいと思っているの」と答えが返ってきたときには、みんなで大笑いしました。

また、大きなおうちの絵を描いたときには、おじいちゃん、おばあちゃん、ひいおばあちゃんもいて、部屋は二階、三階へと続く階段でつながっていました。日ごろは遠くにいる家族も、ちゃんと絵の中に出てくるのは、心の中に住んでいる証拠。息子たち夫婦は、普段の生活で私たちのことを話題にして、子供たちに聞かせてくれているのでしょう。

社会のありようが変わって、二世代、三世代同居が少なくなりました。また、仕事の都合や子供たちの学校生活に支障を来すなどの理由で、遠く離れて暮らす家族が、互いに行き来することもままならないのが現実です。

しかし私たちは、誰もが親から生まれ、親に育ててもらって今日があります。私たちの親も、その親も、そして私たちの子供も、またその子供も、誰一人として例外ではありません。命のつながりは、親があってこそ。離れていても親へ親へと寄せる心が、ひいては、わが身わが子の幸せとして返ってくると信じます。

教祖は、人間の生きる目的は「陽気ぐらし」であると教えてくださいました。

陽気ぐらしとは、人と人とが互いに相手を思いやり、尊重し合って、たすけ合う生き方をいいます。一家の陽気ぐらしが元となって、次から次へと陽気ぐらしの輪が広がっていくことを願いつつ、まずは少しの努力と工夫で、わが家流の家族の絆《きずな》をつないでいきたいものです。

数日後、まるで台風が去っていくように、長男家族は慌《あわ》ただしくアメリカへ帰っていきました。短い滞在でしたが、真っ赤なポストのおかげで、孫たちと心を通わせる貴重な時間を持つことができました。

今度会うときは、一段とたくましい少年に成長していることでしょう。帰ってきたら、また、お手紙ごっこをしましょうね。幸せを運んでくれる真っ赤なポストは、それまで大切にしまっておきますから。

言葉を紡いで

三年ほど前、親しい友人から「俳句の勉強を一緒にやりませんか？」との誘いを受けました。以前から俳句や短歌に興味はあったのですが、なかなかきっかけがなく、その思いを心の隅に追いやっていました。聞けば、先生もおられて本格的な指導が受けられるとのこと。二つ返事で参加を決めました。

友人の呼びかけに応じて、ほかにもすでに嗜《たしな》みのある人、俳句とはおよそ無縁だった人などユニークなメンバーが集まりました。集まる日が毎月二十四日であることから、会の名前は「二四句座《によんくざ》」と決まりました。先生からの「とにかく五七五で作ってきてください」という最初の宿題を受け、四苦八苦しながらひねり出した作品を持って初句会に参加しました。

句会では、まず自分の作品を短冊に書きます。次に、全員の短冊をシャッフルして一人ひとりに配り、割り当てられた句を清書します。こうして誰が作ったのかが筆跡では読み取れなくなった句を、みんなで読んで、自分の好きな句に投票します。先生からは丁寧な講評や、俳句の決まりごとの初歩の初歩を教えていただき、最後に今日の特選が決まるという具合です。

ちなみに、初句会のために一生懸命考えた私の自信作は、先生から見事に「季重なり」の指摘を受けました。なんと五七五の三つとも季語だと言われ、顔が赤くなりました。

こうして俳句を始めてみると、毎日の生活を見つめる目が変わってきたのを感じます。

たとえば、何げなく空を見上げて、

空高くグラデーションや秋の雲

また、真冬の凍《い》てつく手に息を吹きかけながら、

寒風も大いなる守護前を向く

さらには、いつも穏やかに家族の中心にいる母には、

九十の母の襟《えり》元赤ショール

身の周りに、どれほど親神様のご守護が満ちあふれていることかと感動し、家族のありがたさが、いままで以上に身に染みます。そんな自分の心をどんな言葉に託すのか、五七五という、たった十七文字であれば、一文字すらも無駄

にはできません。大切に大切に言葉を紡《つむ》ぐ作業は、私の性に合っていたようで、俳句に出合えたことを心からうれしく思います。

そしてもう一つ、この私の性分が、里の母親譲りなのかもしれないと分かったことも、思わぬ喜びとなっています。母が短歌を作っていたと知ったのは、父の出直しがきっかけでした。

父は平成十四年に八十二歳で亡くなりました。葬儀の日、母は父の棺《ひつぎ》に二つ折りの便箋《びんせん》を入れました。そばにいた兄が、そっと開いてみると、

むなひもの二つ一つにむすばれし共にあゆまむこの道の道

何みても面影うつるわがこころ教祖《おや》のおしえを守りてゆかん

父への惜別の歌でした。私たちきょうだいは母が歌を詠むことを、この日初めて知ったのです。

やがて、父の死から五年後に母も亡くなりました。遺品を整理していた兄が、母の文机《ふづくえ》の下に孫たちの使い古しのノートが積んであるのを見つけました。開いてみると、中には晩年、手を動かしづらくなっていた母が、一字一字刻み込むように書きつけた歌の数々がありました。

しづかなる風のごとくにゆきませし　なにをか言わん君の心は
身をもって教えてくれたたんのうの　ゆきても消えじ宝なりけり
しるしたて墓どころにぞおさまりぬ胸をわかちて一人さびしき
たたまれし紋付はかま召しませし来世までも陽気づとめを
お茶すすり無言の会話むなしけり胸から胸へ心かよはす

父が亡くなったあと、母は父への思いを歌にすることで、無言の会話をしていたのかもしれない。そう思うと、生前の心の通い合う両親の姿が、ふつふつと目の前に現れてくるのでした。

母の歌のなかに一首、私のことを詠んだと思われる歌がありました。

娘まつゆらぐともしび消えもせで会いしひと時しずかにねむる

嫁いだ娘の安否を気づかいつつ、会えるひと時をどんなにか楽しみにしてくれていたのだろうと思うと、嫁ぎ先の岐阜から、おぢばまでは帰ってきても、ひと足延ばして同じ奈良県内に住む里の両親に顔を見せるだけの余裕がなかったことが、心から悔やまれました。

母の歌は時にしんみりと、時にほのぼのと、私の心を温め、励ましてくれました。そして何年経《た》っても、読めば涙がにじみます。

磨かれた言葉には、人をつなぎ、人を育てる大きな力があります。磨かれた言葉とは、真実の心から生まれ出るものだと最近、強く思っています。日常の何げない言葉にも心を込めていけば、その周りには、きっと明るい陽気が生まれてくることでしょう。

身近な夫婦だから、家族だからこそ、心を込めた言葉でつながり合っていきたい。教祖が教えてくださった「陽気ぐらし」には、そうした日常の一こまがあふれていると思うのです。

成一くんのグローブ

成一《せいいち》くんは小学五年生です。体重二六キロ。二つ下の弟、勇人《ゆうと》くんのほうが一キロ重いので、顔には出さずに悔しがっています。

成一くんが小学三年生のとき、スポーツ少年団に入って野球をしたいと言い出しました。ところが、お父さんもお母さんも首を縦に振りません。

それには訳がありました。彼は一八〇〇グラムという小さい身体《からだ》で生まれました。神様の大きなご守護と大勢の人の祈りを頂いて、いまでこそ元気に育っていますが、まだまだ十分とはいえません。学校でエネルギーのすべてを使い果たしてくるので、帰ってきたら、もうクタクタ。昼寝をしないと宿題も夕食も、お風呂に入ることもできないくらいなのです。

自分から「野球をやりたい」と言えるくらいに育ってくれたのはうれしいことですが、お父さんもお母さんも、そのうえにスポーツをして体力が持つとは思えず、もう少し大きくなって身体がしっかりできてから、と思っていたのです。

しかし、本人の意思は固く、「絶対に頑張るから」と、とうとう体験入部の許可を勝ち取りました。とはいえ、ユニホームもバットもスパイクも、新しいものは買わないとの約束です。お母さんがママ友さんたちに聞いて回って、もう小さくなったり汚れたりして使っていないものを譲ってもらいました。グローブは、お父さんが大学時代に友達とキャッチボールをするのに使っていたものでした。小学三年生の手には大き過ぎるのですが、野球ができる喜びいっぱいで、そんなことは一つも気にする様子はありませんでした。

毎週土曜、日曜は、大きなリュックを背負ってニコニコと出かけていきます。お母さんに様子を聞いてみると、一年生から野球をしている子たちに交じって、かなり苦戦しているものの、本人はケロッとしていて、できなくても次こそできるようになると、前を向いて頑張っているとのことでした。


月日は流れ、二年が経《た》ちました。先日、お父さんのお下がりのグローブに、とうとう穴が開きました。補修もままならないくらいの状態です。

そこでお父さんは、いよいよグローブを買うことにしました。生まれて初めて、自分にぴったりのグローブを手にした成一くん。どんなにうれしかったことでしょう。

これまでの二年間、周囲の友達はかっこいいグローブやスパイクを使い、おまけに、ほとんどの子が毎回、親に車で送迎してもらっていました。小さな身体で、重い野球道具と大きな水筒を持って歩いていく後ろ姿を見て、何度、車で送ってあげようかと思ったことか――。

成一くんのニコニコ顔を一番うれしく思っているのは、きっとお父さんとお母さんでしょう。体力を心配しながら、少年野球に入ることを許し、すべての道具をお古から始めさせた両親の思いは、しっかりと届いているはずです。何でも願えば手に入るのが当たり前ではない。辛抱し、努力したうえで与えられたときの喜びが、ものを大切にする心を育《はぐく》むということを教えたかったのだと思います。

このエピソードをブログに掲載すると、多くの友人から反響がありました。

自分も野球少年だったという男性は、「小さいころ、グローブがボロボロになっても、家の経済状態を思うと、どうしても親に『買ってほしい』とは言えなかった。とうとう傷みがひどくて使えなくなり、父親に頼んだときは勇気がいった」と、つづってくれました。

また、別の幼なじみは、「知り合いの人に旅行に連れていってもらうことになったとき、おばあちゃんが、いままでそんなこと言ったこともないのに、『お出かけ着を買ってあげよう』と言って、何軒も何軒もお店を回ってくれた。おばあちゃんが値段を値切る姿が、ちょっと恥ずかしかったけど」と、心の奥に仕舞い込んでいた思い出を話してくれました。

不自由さのなかで、喜びの心、与えに感謝できる心を育てるのは並大抵ではありません。しかしそれこそ、私たちが子供や孫に残してやれる、火にも焼けない、水にも流されない大きな宝物です。親々が苦労、苦心して私たちを育ててくれたように、私も子供や孫の心に、この大きな宝物を残してやりたいと思います。

日曜日、今日も成一くんは野球です。私はいつものように「送っていってあげようか」との言葉をグッと呑《の》み込み、「ケガしないように気をつけてね！」と声をかけて、孫の背中が見えなくなるまで見送るのでした。

世界は不思議に満ちている

「賢い子に育ってほしいと願うなら、お手伝いをしっかりさせてください。机に向かう勉強だけでは、本当の学力はつきません」

息子が小学三年生になって初めての参観日に、新しい担任の先生がおっしゃいました。そして、こう続けました。

「たとえば、いま算数で、余りのある割り算を勉強しています。『四十人の生徒が三人がけのいすに座るとき、何脚あれば全員座ることができるでしょう』という問題に対して、『40÷3＝13あまり1』という計算はできても、この問いの答えを導くには、余りの一人にも一脚のいすが必要だと想像できるかどうかが大切なのです。日ごろから家庭で、夕食のおかずを家族分に取り分けたり、いろいろなお手伝いをしたりしている子は、ふっとそのことに気がつくのです。

テストの点数が良かったとか悪かったとか、親はとかく目に見える学力に一喜一憂しがちです。しかし、子供が生きていくうえで本当に必要な学力は、目に見えないところに存在しています。勉強机にしばりつけるのでも、テレビやゲームに子守りをさせるのでもなく、少し時間はかかっても、子供に家事を手伝わせましょう。しっかり外で遊ばせましょう。そして、親が正しい日本語を使ってください。国語の本を読めば、内容が自然と目に浮かんだり、行間にこもる情感を感じ取れたりするような国語力。それらは、目には見えないけれど、お子さんの立派な基礎学力になるのです」

もう三十年が経《た》つというのに、いまでもはっきりと覚えています。果たして目に見えない学力をつけさせてやれたかどうかは分かりませんが、いま、その息子は三人の男の子の父親になっています。

その息子の嫁が、面白いことを言ってきました。

「お母さん、この間、成一のお友達が遊びに来ていて、『ぼく、成一くんの家の子供に生まれなくてよかった〜』って言うんです。『どうして？』って聞いたら、『成一くんは、いつもお手伝いばっかりやらされてるもん』ですって」

なるほど、子供たちもよく見ているものです。私が件《くだん》の先生の言葉を伝えたわけでもないのに、嫁は子供たちが小さいころから、お手伝いをさせることに力を注いできました。

三年前、息子夫婦と同居を始めたとき、嫁が最初にしたことは、子供たちがお手伝いをしやすいように食堂を改造することでした。身長が低くても洗い物ができるようにと専用の踏み台を準備したり、食器乾燥機の位置が高過ぎると分かると、棚を一段外して低くしたり。おかげで小学五年生と三年生の二人の「お手伝い王子」は、スイスイと家事をこなします。

トイレ掃除も、幼稚園のころからさせていたといいます。完璧でなくても、できたことを褒《ほ》め、根気よく子供たちに付き合って、一緒にやりながら教えているのです。

考えてみると学力に限らず、私たちは目に見えないことに包まれて生活しています。意識せずとも身体《からだ》の中が調和を保って動き続けているおかげで、元気に過ごすことができます。ひと粒の種は土に落ち、自然の力で芽を出し、大きくなって花を咲かせます。風も電気も電波も目には見えません。このように、この世は不思議に満ちた世界です。

また、「人の心」という目に見えない存在に一喜一憂しながら生きているのも、私たち人間の毎日なのです。

先日、早朝に夫とウオーキングに出たときのこと。向こうからやって来た老夫婦が、山の端《は》から昇り始めた太陽にしばし足を止め、手を合わせる姿を目にしました。やがて何事もなかったように歩き始めたご夫婦の姿は、まるで映画のワンシーンを見ているようでした。きっと幼いころから、ご両親がするのを見て、自然と身についた所作なのでしょう。

教会であるわが家では、毎日朝夕、おつとめを勤めます。神様の姿は見えませんが、身の周りに起こるさまざまな出来事から神様の働きを感じ、ご守護にお礼を申し上げたり、誰かの幸せを祈ったりする大切な時間です。ありがたいという感謝の気持ちも、痛みを分かち合い寄り添う優しさも、自分は一人で生きているのではないという謙虚さも、目には見えません。いつも見守られている安心感に心が安らぎ、時には揺れ惑う自分を律していけるのも、大いなる神様の存在を信じればこそです。

これからの社会を生きていく子供たちに、また、不安で眠れない夜を過ごしている人たちに、私は見えない世界の豊かさを伝えていこうと思っています。

第二章　幸せを呼ぶ言の葉

育てるつもりが育てられ

先日、新聞のコラムに、「育《はぐく》む」という言葉の語源が「羽含《はくく》む」から来ていると記されていました。なんてきれいな響きでしょう。日本語の持つ美しさには、時として感動させられます。

古来、言葉には魂が宿ると信じられてきました。親鳥が羽を広げてヒナを包み込む。鳥たちの慈しみ深い仕草に、遠い昔の人々は自分たちの子育てを重ね合わせたのでしょうか。やがて成人し、独り立ちしていくさまを「巣立ち」と表現しました。

これまで連綿と「育まれ」、そして「巣立ち」を繰り返してきた私たち人間の「いのち」。その遥《はる》かな旅路は、どこを目指そうというのでしょうか。

「お疲れさま」と、隣県に住むT子ちゃんから、いつものメールが入りました。

「おばさん、元気ですか。私はなんだか、毎日毎日イライラして。子供がかわいくないときがある。自分が産んだ子なのに。できることなら親をやめたい。

……なんだか、心が痛い」

「子育てって、我慢してやることなの？　疲れたよぉ」

T子ちゃんの心の叫びが画面の向こうから聞こえてくるようです。小さいころから教会に出入りしていた彼女は、私にとって娘のような存在です。両親がすでにいないこともあって、余計に思いが掛かります。急いで返事をしたものの、会って顔を見るまで心配でした。

わが子を愛《いと》おしむ気持ちになれないことほど悲しいことはありません。人は本来、その手にいたいけな幼子を抱けば、自然と「守ってやりたい」と思うはずです。神様がそのように私たちをお創《つく》りくださったとしか思えないのです。

親になる練習なんて、誰だってしたことはありません。周りの人たちに助けられ、何よりわが子に教えられながら、私たちは曲がりなりにも親と呼ばれる存在になっていくのです。

近ごろ、テレビや新聞で子供たちに関わる悲しい事件を見聞きするたびに、やりきれない思いが募ります。核家族化が進み、近くに相談できる人がいなかったら、育児に疲れた母親はますます孤立してしまいます。一日中、家のなかで子供とにらめっこでは、神経もすり減ってしまうでしょう。〝公園デビュー〟が頭痛の種になるというのも、笑えない話です。

あれ以来、T子ちゃんとは何度も行き来を繰り返し、いろんなことを話し合いました。

「ほんと、今日は教会へ行ってよかった。みんなに子供をかわいがってもらって、うれしかった。なんか、やっぱり一人では育てられないよね。みんながいる所だと子供も喜ぶし、何より私が一番うれしかった。……大事に育てたい」

「心をいつも広く持って、大らかに受けとめてやらなきゃいけないのに……。毎日が反省です。おばさん、毎日はゆったりとですよね。頑張ります。また、つらくなったら助けてね」

そうよ。あなたは、お母さん！　一人で悩まないで。暗いトンネルだって、いつかは抜け出せる。周りを見渡せば、救いの手は必ずあるはずだから。時にはズームボタンをオフにして、ちょっと引いたところから、わが子を見てごらん。ずいぶん成長したなって思えるよ。いつもいつもアップモードじゃ、子供だって息がつけないもの。

いまにして思えば、私にも肩肘《かたひじ》を張って子育てをしていた時期がありました。そんなとき、「もっとかわいがってやればいいじゃないか」という父の言葉に、ふっと目の前の霧が晴れました。いい子に育てるためと思っていたことが、実は私自身の見栄《みえ》だと気づいたのです。ズームボタンがオフになった瞬間でした。

時が過ぎ、やがて「巣立つ」日も間近いわが子たちですが、誰よりも「育まれ」ていたのは私だったと、つくづく思います。

親の思いに守られて

長男は、学生時代からせっせとアルバイトをしては、休みのたびにアフリカや中南米へと貧乏旅行を繰り返していました。「行くなら、せめてアメリカやオーストラリアにしたら？」と言う私に、アフリカや中南米の混沌《こんとん》とした喧騒《けんそう》のなかに身を置くと、日本にはないようなエネルギーが、ふつふつと湧《わ》き上がるのを感じると、遠い目をして話してくれたことがあります。

大学卒業を間近にして、在外公館派遣員に応募したときも、教授に教えてもらった治安の悪い国順に番号をつけて派遣先を希望したというのですから、親としてはたまりません。そうして決まったのが、日本から飛行機で丸一日以上かかるという南アフリカでした。

「どうしても行くの?」と尋ねたら、「日本にいても、交通事故に遭うこともあるし、病気で命を落とすこともある。神様に守っていただいたら、世界中どこへ行っても大丈夫だよ」と、逆に諭されてしまいました。宗教者という肩書の親には二の句の継げない決めゼリフだなと思いながらも、その無鉄砲さに呆《あき》れ、複雑な思いで送り出しました。

わが家の三人の子供たちは現在、それぞれ別の場所で暮らしています。次男は香川県の高松市で一人暮らし。娘は奈良県の天理市で寮生活をしています。三人を手元から放してみて初めて、それまでの子供たちとの些細《ささい》なやりとりが、どんなに大切な時間だったかを感じるようになりました。

振り返ってみれば、この子らの子育てに、いかに多くの人が関わってくださったことでしょう。そしていま、子供たちは私の手の届かない所で、どれほどたくさんの人々のおかげで元気に暮らしていることでしょう。「おかげさまで」という言葉を、感謝とともに、そうしたすべての人々に捧《ささ》げたいと思います。

私がそう思うようになったきっかけの一つに、一人の女の子との出会いがあります。ちょうど、次男が大学生活のために家を離れるのと入れ替わるように、岐阜で学生生活を始める娘さんをお預かりすることになりました。わが子もきっと、こうしてさまざまな人のお世話になるだろうと思うと、とても他人事とは思えませんでした。

そこで、彼女をお客さん扱いせずに、家族として共に暮らすことにしました。

一緒に料理を作ったり、洗い物を手伝ってもらったりしながら、常に近況に耳を傾けました。そうやって親元を離れた寂しさを乗り越えて、たくましく成長していく姿を見守るなかで、その陰にある痛いほどの親の祈りを垣間見《かいま》ました。子煩悩《ぼんのう》なご両親は、さぞかし心配だったに違いありません。

親はどこまでも子供をこの手で守ってやりたいものです。しかし、いつかは巣から飛び立っていきます。同じ空の下、遠く子供の幸せを願う親の思いになったとき、私にもそうして育ててくれた親がいることに、あらためて気がつきました。人はみな、そうした親の思いに守られて生きているのです。

そして、この世と人間を創造された親神様は、いつも私たちを見守ってくださっています。どこにいても神様に守られているという安心感が、私たち家族をつないでくれています。

長男が日本に帰ってくる桜の季節は待ち遠しいですが、大空をもっともっと思いきり羽ばたいてくれたら、どんなにうれしいことでしょう。そしてまた、三人の子供たちが、いままで誰かにしてもらったことをありがたいと思い、今度は誰かに喜んでもらえるようなことのできる人間に育ってくれるよう願っています。

響き合う心

「一筆申し上げます」

若い娘さんから、こんな書き出しで手紙を頂きました。最近は、あらたまって手紙を書く機会が少なくなってきました。そんななかで、女性ならではの頭語をさらっと使いこなしている彼女に新鮮な驚きを感じました。そのうえ、文面からは若者らしいはつらつさが感じられます。私は彼女のことが、いっぺんに好きになりました。

もうずいぶん前になりますが、祖父母が上級教会へお供えを送る際に添えていた手紙の束が、何年も経《た》ってその教会の倉庫から見つかったという話を父から聞きました。手紙は大事に包まれて残されていたそうです。祖父母が心血を注いだおたすけの結実は、きっと押し戴《いただ》いて親神様へと運ばれたことでしょう。そこには、どんな言葉が添えられていたのでしょう。

教会には、十年以上にわたって、静岡に住む信者のNさんから日参のはがきが届きます。

「親神様、教祖、祖霊《みたま》様、きょうも一日有難《ありがと》うございました」

この短い文章に凝縮された彼女の祈りを、ゆめ疎《おろそ》かにはできないといつも思います。時折添えられる短文からは、日々の様子がうかがわれます。うれしいときには感謝の言葉が躍っています。苦しいときには……私は、そう書きかけて言葉を探しました。そして気がついたのです。詫《わ》び言はあっても、Nさんが泣き言を書いている日はなかったなと。つらいことも喜びに変えて通っておられる姿を思うとき、神様にお供えするはがきに私も心を乗せて、共々に親神様、教祖にお礼を申し上げ、たすかりを願うのです。

人と人は心が響き合うことで、より強く結び合い、つながり合って生きることができるのではないでしょうか。たとえ遠く離れていても、思いを託して届けられる手紙は、必ず相手の心を打つものです。

携帯電話やパソコンは、いまや必需品。メールもさまざまな使い方ができて、とても便利です。私もその恩恵に大いにあずかっています。しかし、こんな時代だからこそ、あえて「ここぞ！」というときには、自分の手でひと文字ひと文字、心を込めて手紙を書きたいと思うのです。

暗いトンネルのなかで、出口の光が見えずにいるあの人に、「この心、届けっ！」と願いを込めて――「一筆申し上げます。春はもうそこまで来ていますよ……」。

幸せの使者

早緑《さみどり》の若葉がだんだんと色を増し、青々と茂っていくさまは見ていて清々《すがすが》しく、つい深呼吸したくなります。

五月、静岡に住む信者さん宅の講社祭に向かいました。一軒目のお宅では、玄関を入った土間の奥に新聞紙が敷かれていました。毎年、ツバメが巣を作りに来るのです。いつでもツバメが入ってこられるように、戸を少しだけ開けてあるところに、家人の優しさがうかがえました。

次のお宅でもツバメの話題になりました。三年前に息子さん夫婦が家を新築しようとしたところ、工事中の家にツバメが巣を作り始めたそうです。「ツバメが巣を作ると、その家には幸せが舞い込む」と昔の人は言いましたが、「愛の巣にツバメが幸せを運んできた」と近所でも評判になり、新聞にも取り上げられたということです。

若い二人が家を建てるまでには大変なこともあったでしょう。でも、こんなうれしい日を迎えることができたのも、彼の両親や亡祖父、祖母の熱心な信仰による徳積みのおかげだと思います。ツバメのエピソードは、そのうえにさらに頂いたプレゼントのようでした。

いま彼らは、仕事が休みのときは教会の月次祭に子供を連れて参拝してくれます。信仰が親から子へ、そして子から孫へと伝わり、ツバメが運んできた幸せをずっと持ち続けていられるように、教会もお手伝いしたいと思っています。

それにしても、なぜツバメが幸せを運んでくるのでしょう。夫がこんな話をしてくれました。

「ツバメが毎年同じ家に巣を作るのは、その家が優しく迎えてくれることを覚えているから。その家の人を信頼し、安心してそこへ帰ってくるんだ。そこに住む人の心を感じ取っているんだね。

人間の赤ちゃんも同じだよ。おっぱいをもらうとき、お母さんが目を合わせてニッコリほほ笑んでくれれば、安心して、ここが自分の居場所なんだと思って育つ。大きくなって何か事が起こっても、お母さんが抱きしめてくれると安心できる。信じて帰ってこられる所がある人は強く生きられる」

この話を聞いて、私は、幸せの使者は外から来るのではなく、一人ひとりの心の中にいるのだと思いました。ツバメと同じように、子供がいつも安心できるような家庭になるよう努めたいものです。

そしてまた、つらいとき、苦しいときも親神様を信じ、教祖を慕って帰るべき場所を教えていただいている私たちは幸せです。真っ青な皐月《さつき》の空を見上げながら、そんなことを考えているうちに、私の心はおぢばへ飛んでいたのです。

父さんの詩《うた》

田植えを無事に終えたと、喜びの日参のはがきが届きました。陰暦では、ちょうどいまごろを早苗月《さなえづき》ともいうそうですが、日本人のこまやかな季節感が心を潤してくれます。

事情があって、小学三年生と四年生の姉妹をお預かりすることになりました。彼女たちは小さいころから母子家庭で育ち、父親の〝味〟を知りません。教会に来たその日から、夫のことを「お父さん」と呼んでいます。

いままでそう呼べる人がいなかったせいか、本当にうれしそうに呼びかけるのです。かえって夫のほうが面食らっていますが、目尻が下がりっ放しのところを見ると、どうやらまんざらでもなさそうです。

夫は、わが子たちの小さいころ、特に男の子に対しては厳しい父親であったように思います。長男が幼稚園の父親参観日に、「お父さんの好きなところは、僕がよい子になるように叱《しか》ってくれるところです」と、みんなの前で発表したことがありました。教会に来られた方々に、きちんとあいさつのできる子になって喜んでいただけるようにという、私たち夫婦の思いが、どこかで子供たちを萎縮《いしゅく》させていたことに気がつきました。しかも、長男の言い方が日ごろの私の口癖そっくりで、これには参りました。

現在、そんなわが子たちも父親と酒を酌《く》み交わす年ごろになりました。三年前、子供たちが全員おぢばで暮らすようになったのを機に、天理にある連絡所の講社祭を勤めることにしました。毎月、講社祭の後の直会《なおらい》は、貴重な家族団《だん》欒《らん》の時となっています。夫と息子たちが和気あいあいと、さまざまな話題で盛り上がっている様子を見ると、ちょっとうらやましくもあります。

ほろ酔い加減の夫は言います。

「おじいちゃんは、お父さんにとても厳しかった。特に教会長後継者となってからは、事あるごとに仕込まれた。でも、いまになって思うと、あのときの仕込みは、おじいちゃんからのプレゼントだったと思える。おかげで、いまのお父さんがあるんだと感謝しているよ」

「子供に苦労させたいと思う親はいないけれど、どうせ苦労するなら、人だすけのうえに苦労してくれたら、これ以上の喜びはない」

そろそろ将来設計を真剣に考える時期に来ている子供たちは、夫の話に何かを感じてくれているようです。

子供たちが一人前に成長する過程で、父親の力強い助言や励ましが必要になるときが必ずあると思います。その日のために、日ごろから父と子の絆《きずな》を強めておきたいものですね。

そういえば、六月の第三日曜は父の日。新しい娘たちと夫の間には、どんなプレゼントのやりとりがなされるのでしょうか。

らしくある

暑中お見舞い申し上げます。

軒先につるした風鈴の音色、庭の打ち水にひと時の涼を感じます。これが心の豊かさというものでしょうか。時にはエアコンや扇風機を止めて、五感で夏を感じてみることは、便利さや快適さに慣れきった私たちには心のぜいたくといえるかもしれません。

今年も「こどもおぢばがえり」が幕を閉じました。きっと、参加した一人ひとりにドラマがあったことでしょう。私も毎年、受け入れひのきしんや自教会の団参を通して、多くの感動をもらっています。とりわけ、子供たちの心の成長を目の当たりにするとき、ひときわ大きな喜びを感じます。

昨年、少年ひのきしん隊の宿舎で、隊員のお世話をさせていただいたときのことは、いまも忘れられません。

一つは、解隊式で披露された感想文です。

「救護室でお母さん（私たちのこと）から大切な話を聞きました。この体は、私のものではなく、親神様から借りているもの。だから毎日使わせていただけることに感謝して、大事に使わなければいけないということです」

「救護室で寝ていたとき、横に、私より、もっとしんどそうな子がいました。夜のおつとめで、私は自分のことをお願いせずに、隣に寝ていた子が元気になるようにとお願いしました。翌日、私が元気になって、ひのきしん現場へ行ってみると、私の隣で寝ていた子も、とても元気になって、大きな声で『お茶いかがですか～』と、ひのきしんをしていました。私はとってもうれしくなりました」

子供には本来、素直で優しい心があるのですね。その心をきれいに磨いてやるのが親の役目。いま一番大切なのは、親が親らしくあることではないでしょうか。

もう一つ、感動したことがありました。二百人余りのひのきしん隊員のなかに、三人の車いすの子供がいました。彼らを引率するカウンセラーの高校生が、それは真剣に、底なしの親切で接していた姿です。二十四時間付きっきりで、しかも決して目立たず、どこまでも車いすの子供に合わせていたのです。

子供と大人の境界線は、どこにあるのでしょう。ある人が、こう言いました。「子供とは、ああしてほしい、こうしてほしいと、ほしいだけの心。大人とは、ああしてやりたい、こうもしてやりたいと、やりたいばかりの心。この、やりたいばかりの心が、教祖のお喜びくださる心なんだよ」

大人が大人らしく、親が親らしく――「らしくある」とは、目指して努力する姿だと思います。間違いのない心の指針を頼りに、日々「らしくある」ことを心がけたいものです。

ぢばへ

岐阜は山国。実りの秋は、食いしん坊の私には待ち遠しい季節です。なかでも、ほっこりとした栗きんとんは、この季節ならではの自然からの恵み。口のなかで、幸せな気分に浸れます。

新涼の季節に、初めて南九州を訪れました。おぢばから電車と船を乗り継いで……。

高台に立つ教会は、庭の手入れも行き届き、緑は眺める人の心を穏やかにしてくれます。神殿に一歩入れば、厳かななかにも温かい空気が流れ、どことなく懐かしい匂《にお》いがしました。教会の前会長さんから普請の思い出話を伺ったとき、「おぢばの香りを少しでもこの地に届けたい、との思いで頑張りました」と話してくださったのが心に残りました。

帰路、慣れない船旅に少し酔いながら、ふと、ある思いが胸を突きました。前会長さんの言葉から湧《わ》き立っていた、「ぢばへ、ぢばへ……」という思いです。

先ほどの教会で私が感じた懐かしさは、普請に携わった人々の、おぢばを思う熱い気持ちの表れであったのかもしれません。交通が発達したとはいえ、南九州からおぢばは遥《はる》か遠く、昔も今も変わることなく、この地で神名を伝えながら、心はいつもおぢばを求めておられることでしょう。

翻《ひるがえ》って、私はと考えたとき、恥ずかしくなりました。岐阜からおぢばへは車なら二時間半。日帰りも十分可能です。いつしか、そんな便利さに慣れて、おぢばへの思いが薄れてはいなかっただろうか――。

そして思い出しました。私にも、かの地の人のように心募らせた日々があったことを。結婚当初は、いつも教会の留守番役でした。それまで、おぢば近くに暮らしていた私にとって、年に数えるほどのおぢば帰りは、まるで子供の遠足のように待ち遠しく、教祖の御前では涙が頰《ほお》を伝いました。いま思えば、あのときの感動をどこに忘れてしまったのか。今回の旅が、〝忘れ物〟を思い出させてくれました。

末娘が来年一年間、天理大学の交換留学生として台湾の大学で学ぶことになりました。海外に住むお道の人々の、おぢばを想《おも》う気持ちは並大抵ではありません。学生という立場ではあっても、おぢばから旅立つ娘には、ようぼくとして少しでも、おぢばの香りを台湾へ運んでいってもらいたいと強く願っています。

「ぢばへ、ぢばへ」と教祖を求める心と、「ぢばから世界へ」と、この道の教えを伝える使命。どんなときも、この気持ちを忘れずに歩んでいきたいものです。

小さいのち

わが家に〝新しい命〟を授かりました。孫の勇人です。名づけを頼まれた主人は「勇んでお道を通る人」という自分のモットーを、そのまま名前にして贈りました。周りがどんなに騒がしくても平然と眠っているのは、やはり次男坊だからでしょうか。

勇人の兄の成一は一歳八カ月。この子は出産前、肺の周りに水が溜《た》まるという大きな身上が判明し、命も危ぶまれました。か細い産声《うぶごえ》でこの世に生まれ、その後四カ月余りも入院生活を送りましたが、いまではおかげさまですっかり元気になりました。誰に教《おそ》わったわけでもないのに、泣いている勇人を「よしよし」とあやしたり、自分の飲んでいる哺乳瓶を口に持っていって飲ませようとしたり、頼もしいお兄ちゃんぶりを発揮しています。

思えば成一の身上は、家族の心を一つにしてくれた、ありがたい節でした。小さきいのちはみな、親神様からの大きな使命を頂いてこの世に生まれてくるのだと、つくづく思いました。無い命をたすけていただいた喜びと、続いて何事もなく新しい命を授けていただいたご守護に、息子夫婦も勇んで御用を務めてくれています。

あるとき、教会の信者さんが、こんな話をしてくれました。

「天理教では『をびや許し』を頂きにおぢばへ帰りますが、あれは生まれてくる赤ちゃんにとって、初めて教祖にお目にかかる初参りになりますね」

なるほど！　もとより「をびや許し」は、御教《み》え通り親神様にもたれてお産に臨むなら、常の心づかいや行いは問わず、誰でも安産させてやろうと、元のぢばからお出しくださる安産の許しです。このをびや許しを頂くために、おぢば帰りをする母親と一緒に参拝する胎児にとっては、このときが初めてご存命の教祖にごあいさつをさせていただく機会なのだ――そう悟られた信者さんの信仰姿勢に、大いに学ぶものがありました。

「おぢばに帰らせていただくと、教祖が印を付けてくださるんだよ」

小さいころ、両親が楽しそうに話してくれたことを思い出します。おかげで、私はおぢばが大好きになりました。その言葉を受け継いで、わが子たちにも何度語ったことでしょうか。やがて、孫たちには子供たちがきっと……。

教祖は、いつも子供の帰りをお待ちくださっています。おぢばは、みんなのふるさとです。

若葉の季節に

岐阜城が山頂にそびえる金華山《きんかざん》。この山は岐阜市のシンボルです。教会からは門の真正面に仰ぎ見ることができ、四季折々の変化が楽しめます。山の植生は大部分が常緑樹ですが、春には、そのところどころに湧《わ》き出る霞《かすみ》か雲のように桜が咲き、五月を過ぎると、「岐阜市の木」にも指定されているツブラジイが一斉に薄黄色の花をつけ、山全体がその名の通り黄金色《こがねいろ》に輝きます。

今春、わが家では、末娘が天理大学を卒業し、母校である天理高校の女子寮の生活指導員として務めることになりました。今年一月からは修養科に入り、卒業までの大学生活と修養科生活を両立して、慌《あわ》ただしい日々を心勇んで勤めてくれました。

末娘が、高校入学を機に、私たちの元を離れて八年が経《た》ちます。当初、寮生活になじめず、先生や幹事さんの手をたびたび煩《わずら》わせました。私たち夫婦が呼び出されることもあり、ずいぶん気をもんだものです。

そんな娘が大学四年生のとき、あこがれの台湾留学が叶《かな》い、一年間をかの地で過ごしました。「帰ってきたら、お父さんの言うことを聞くんだよ」という主人の言葉を胸に刻んでのことでした。台湾は娘の曽祖母《そうそぼ》、吉福ヤス（西鎮《さいちん》分教会三代会長）が、かつて布教した土地。祖霊《みたま》様のお見守りのおかげもあったのでしょう。たくさんの素晴らしい出会いを頂いて、たくましく成長して帰ってきてくれました。

寮の生活指導員という卒業後の進路は、主人との約束通り、親の思いに素直に沿って決めたものでした。教祖のお導きくださる道は決して無駄がないのだと、私はあらためて感じました。娘が高校時代に流した涙は、これからの務めに必要なものだったと思います。

娘はこれまで多くの人たちに支えられ、いつも日向《ひなた》を歩いてきました。これからは誰かを陰で支えることのできる女性を目指してほしいと願っています。

山の若葉は、その色合いに微妙な濃淡があるからこそ、深みがあって美しい。人も同じではないでしょうか。明るい日向だけでなく、見えないところで真実誠を尽くす陰の徳積みが人生の深みとなって、その人を輝かせてくれるのだと思います。

家族の絆

十年ほど前、次男が四国で大学生活を始めました。ちょうど携帯電話が急速に普及しだしたころのことです。「学生の身分で携帯なんて」と思っていた私は、次男が携帯を持つことに反対でした。けれども、一年間のバトルの末、矛《ほこ》を収めたのは私のほうでした。

実際に携帯電話を持たせてみると、他人に呼び出しを頼む手間もなく、直接連絡できる便利さはありがたいものでした。しかし、何回かけても通じないときには、かえって気をもみ、心配の種になることもありました。

同じころ、長男は南アフリカに在住していました。出勤前に時々、近況報告のメールを送ってくれ、また運よく同じ時にパソコンを開いていれば、チャット（リアルタイムで文字による会話を楽しむこと）で話もできて、飛行機で一日半もかかる場所にいるとは思えない気がしました。それに比べて、一番近いはずのおぢばの学校で寮生活をする娘が、一番連絡がつきにくいと、家族の間で笑い話になったものです。

「ひのきしんスクール」の、家族の事情に関わるおたすけを支援する講座に参加したときのこと、ある先生に「絆《きずな》」という字は「ほだし」とも読むと教えていただきました。辞書で「ほだし」を調べてみると、「【絆し】馬の脚などをつなぐ縄。自由を束縛するもの」とありました。「そうなのか」と、いままで心に引っかかっていたもやが晴れた気がしました。

考えてみれば、虐待、養育放棄、DV（家庭内暴力）といった夫婦や親子の問題は、絆しが程よい距離にかけられていない状態なのではないでしょうか。家族の関係は、さまざまに変化するものです。その時々に応じて絆しの縄加減を調節する必要があると思います。

わが家には、親の虐待や養育放棄で深く心に傷を負った子供たちが里子としてやって来ます。つらい経験をしているはずなのに、彼らはいじらしいほどパパやママが大好きです。途切れた絆を結び直すために、実親とも時間をかけて関わっていきたいと思います。

教会という家庭で、教会家族も信者家族も、そして周りの人々も、みんなが心を寄せ合い、〝教会団欒《だんらん》〟を広げていきたいと願っています。

贈る心

朝の冷え込みが一段と厳しくなってきました。冬へと向かうこの季節、空気が澄んでいるからでしょうか、教会の門から仰ぎ見る岐阜城が、いつもよりくっきりと近くに迫って見えます。

ここ数年、毎年この時季になると、一箱のミカンが届きます。お礼の電話をかけながら、送り主の方との不思議な出会いを思い出し、話に花が咲きました。ちょうど教祖百二十年祭に向かう年祭活動の真っただ中でした。四国の旧知の教友を介して電話をかけてこられたその方は、岐阜に住むいとこが重い病で入院していること、毎日お願いはしているものの遠く離れていて心もとなく、なんとか岐阜でおたすけしてもらえる人を探していたことなどを話してくださいました。聞けば、入院先も教会から車で三十分の距離。私はもちろん、おさづけのお取り次ぎを約束して電話を切りました。

翌日から勇躍おたすけに通いだしましたが、家族の方の対応は想像以上に冷たく、何度も心を倒しそうになりました。しかし、「これが多恵子の百二十年祭だよ」という主人の後押しに勇気を得て、できる限りのことをさせていただこうと心も定まって、おさづけに通い続けることができました。

残念ながら、私が行くようになって、わずか三カ月ほどで出直され、家族の方と心を通わせることができないままに、苦い気持ちを残しておたすけは終わりとなりました。それからしばらくして、四国の方から電話がありました。

「葬儀に行って分かりました。奥さん、どんなにかつらい思いをしてくださったことでしょう。申し訳ありませんでした」

申し訳ないのはこちらなのにと、涙がこぼれそうになりました。そんな経緯があって、今日まで交流が続いているのです。ミカンに込めて贈られた心を十分に受けて、これからもおたすけに励みたいと思います。

長男の嫁は、教会の御用や育児に追われるなかで、時間を見つけては、こまめに手紙を書いています。信者さん方にもしっかりと心をつないでくれて、誰からもかわいがられています。

たった一枚のはがきに心が温まった経験はありませんか？　何げないひと言に救われた経験は？　神様は、いつも私たちの「贈る心」に乗って働いてくださるのですね。それにしても、心って全く不思議です。

拠って立つ

高校三年生の里子は、大学入試を目前にしています。面接対策として、少々引っ込み思案で声が小さいのを克服しようと、夕食後に音読を始めました。毎日十分ほどのことですが、努力の成果は目覚ましく、ずいぶん大きな声が出るようになりました。

いま読んでいるのは『1リットルの涙』。

難病と闘う少女の日記は、横で聞いていても胸が押しつぶされそうです。次第に失われていく体の機能、いままで当たり前にできたことが、目に見えてできなくなる過酷な現実。戸惑いと悲嘆のなかで、懸命に前を向いて生きる姿は、形は違っても苦しい日々を生きてきた里子にとって、きっと感じるものがあるのでしょう。行間まですくい取るように、丁寧に気持ちを込めて読んでくれます。

彼女は高校生活を終えると同時に措置解除となります。その後は、自分の足で歩いていかなければなりません。誰一人知る人のいない土地で、親の後ろ盾《だて》を頼むことなく大学生活を送るには、あまりにも「生きる力」に乏しい子です。もし、病気になったら……。もし、もし……。心配は尽きることがありません。

そんなとき、ふと、長男が以前、南アフリカへ行くと決まったときに言ったひと言を思い出しました。

「お母さん、どこにいても親神様に守っていただいたら大丈夫だよ」

そうでした。いったん里子として迎えた限りは、わが娘。私はこの子に、どんな困難に出合っても教祖がそばにいてくださるという安心感、心の拠《よ》り所を伝えておかねばと強く思いました。

考えてみれば、人は皆、与えられた命を、一人ひとりのステージで生きています。しかし、決して独りぼっちで生きているのではありません。自分を丸ごと愛してくれる人の存在や、さまざまな出会い、また経験などによって精神の基盤が築かれ、そのステージの上で生きているのだと思います。

ところが悲しいかな、里子のなかには、こうした精神的基盤を持たない子供が少なくありません。教会の里親活動は、子供たちに精神的基盤、拠って立つ場所を与える仕事だと、最近思うようになりました。
教祖の教えに根差した生き方を、親心をもって子供たちに映していきたいと思います。

第三章　〝陽気ぐらし家族〟へ

わが家のスマホ戦線異状あり

子供にいつからスマートフォンを持たせるか。いまや小学生でも当たり前に使っている〝スマホ〟。ゲームもでき、交友関係は無限大に広がって、興味のあることは瞬時に検索できて……となると、子供たちが欲しがらないはずはありません。

親にとっては、さまざまな危険性を知りながらも、どこにいるかが把握でき、いつでも連絡が取れて、にわかの予定変更にも対応できる便利さが勝り、結局は持たせてしまうのでしょう。

わが家の里子A子ちゃんは、四月から高校生になりました。ここに来た中学二年生のときには、すでにスマホを肌身離さず持っていて、会ったこともない友達が全国に大勢いたそうです。

一度当たり前になった環境を取り上げられたことは、A子ちゃんにとって大きなストレスだったと思います。少しでもほかのことに目が向くように仕向け、小さなことでも大きく褒《ほ》めて、おかげでスマホ欲しさのアプローチをあまり受けることもなく、中学生活を終えることができました。

しかし、高校の合格通知が来たその日から、「いつスマホ買いに行く?」と矢の催促です。やっぱり忘れていたわけではなかったのですね。

「そうじゃないんだよ。スマホを持つためには、アルバイトをして、自分で毎月の料金を払えるようにならないと持てないんだよ」と説明し、納得させることから、わが家の〝スマホ戦争〟が始まりました。

高校に入学してみると、中学校とはまるで環境が違い、各教室には子供たちのスマホを預かるためのロッカーがあり、一人ひとりの名前が書かれていました。学校にいる間は授業に専念するようにとの配慮で、授業が始まる前に担任の先生が鍵《かぎ》をかけるのだとか。学校も苦慮しておられるんだなあと思いました。

しかし、何より驚いたのは、ロッカーにスマホが入っていないのはA子ちゃんだけという現実でした。何の疑問もなく、高校生になればスマホを持つのが当たり前になっている社会にも考えさせられました。

私は里親になって十五年が経《た》ちます。近ごろは中高生の女の子を預かる機会が増えました。それでなくても、お年ごろ。ましてや親から不当な虐待、養育放棄、また性被害を受けた子もいて、そうした心の傷を負った彼女たちは、同じ年ごろの子と比べて、自分を大切にする気持ちが低いのではと感じます。

どうか、これ以上悲しい思いをしないでほしいと願う、こちらの気持ちは、なかなか伝わりませんが、この子たちの安心・安全を守ってやれるのは私たちしかいないのだと、身をすり減らしながらの葛藤《かっとう》の日々です。


高校に入れば、すぐにスマホを手にすることができると考えていたA子ちゃんでしたが、何度も話し合いを重ねることで、まだまだ道のりは遠いことをようやく理解してくれました。

校則では原則禁止のアルバイトを許してもらうためには、最初のテストで、それなりの成績を残さなければなりません。それからアルバイト先を探し、面接を受け、初めてのアルバイト料を手にするまでには二、三カ月はかかるでしょう。どうか心折れずに踏ん張ってほしいと祈ることしかできません。しかし、こうした陰の祈りが通じることを、信仰する私たちは知っています。

思いを込めた三カ月でした。そして、あと半月で夏休みという日に、A子ちゃんは、とうとう自分のスマホを手にすることができました。よく頑張ったと思います。心から拍手です。

ところで、いよいよスマホを持つに当たり、一番頭を悩ませる問題が残っていました。実家で生活していたときのように、自由に無制限には使えないことを分かってもらわなければなりません。夜中まで友達とラインでおしゃべりに興じることも、ゲームにお金をつぎ込むことも、アプリを好き放題入れることも、全部禁止です。

規則に縛られることを何より嫌う彼女との接点を見つけるためには、私もA

子ちゃんもヒートアップせず、冷静に話し合いのテーブルにつくことが第一です。児童相談所の担当職員さんにも同席してもらい、A子ちゃんに私が問題だと思っていることの理由を話しました。

もちろん、そのあとでA子ちゃんの意見も聞き、お互いのぶつかり合いのなかで、たくさんの時間を使って「わが家流・危険回避のためのスマホ契約書」を作り上げました。私とA子ちゃんと本格的にサインを交わし、いつでも見られるような冊子に仕上げました。

スマホを持ち始めて数カ月が経ちました。おかげで小さな問題はいろいろありますが、想定内のことです。サイン入りの契約書が、A子ちゃんの心を引き締めてくれているように感じます。

いつかスマホを持たせる日が来るとは思いながら、厄介なことだと憂うつに感じていましたが、A子ちゃんも、どうやって優位に事を進めようかと、ずっと考えていたようです。終わってみれば、それまでこんなに長くA子ちゃんと話をしたことはなかったような気がします。それに気がついたとき、とても幸せな気持ちを味わうことができました。

神様は、いつも人間が「陽気ぐらし」ができるようにと、さまざまな出来事をお与えくださいます。一見、困ったこと、悲しいこと、つらいことばかりのように感じるかもしれませんが、よくよく根を掘ってみると、そのなかにも喜べることをちゃんと用意してくださっているのですね。

わが家のスマホ戦線は、今日も明日も、この先、毎日「異状あり」だと思います。それでも、そのなかに隠された喜びを探しながら、今日もA子ちゃんと真っ向勝負です。

家族のかたち

平成三年三月三日、夜遅くに入った一本の電話。

「兄が交通事故に遭いました。まだ詳しいことは分かりませんが、かなり危険な状態だそうです。場所は、教会から一時間くらいのところです。私のところからでは五時間以上かかるので、すみませんが、見てきてもらえませんか?」

電話の主は、親の代から信仰されている信者さんでした。早速、夫と二人で病院に駆けつけました。

ご本人のSさんのことは、以前から話には聞いていたものの、このときが初対面でした。あちこちに血の痕《あと》がにじみ、顔はおそらく二倍くらいに腫《は》れ上がっているようでした。体にいろいろな管がつながれ、医療機器に囲まれた様子から、事故の大きさがうかがえました。

お医者さんの話では、「今晩がヤマでしょう。万が一たすかったとしても、脳をはじめ全身に損傷を受けているので、一生寝たきりの生活になるかもしれません。もちろん、社会復帰は望めないでしょう」とのことでした。

「なんとかたすかってもらいたい」との思いで神様に祈るとともに、家が遠くて長い間付き添うことのできないご兄弟の手助けをと、翌日から夫と交代で病室へ顔を出すようにしました。

ありがたいことに、Sさんはだんだん話ができるようになり、やがてベッドから起き上がって、自分の足で立てるようになりました。

その後、無事に退院することができたものの、一人暮らしは難しいので、しばらく教会でお預かりすることになりました。

Sさんはとにかく話すことが大好きで、しかも褒《ほ》め上手《じょうず》。教会でも通院先でも、すぐに人気者になりました。

「五十、六十は洟《はな》垂れ小僧。七十、八十でやっと一人前なんだから、しっかり働かにゃ」と、お決まりのセリフが聞こえる所には、いつも笑い声が響いていました。

お風呂は、留守がちの夫に代わって中学生の息子たちが大活躍してくれました。服を脱ぐのを手伝い、頭と体を洗って、パジャマを着せて出てくるまで、〝連係プレー〟で介助してくれました。Sさんも子供たちとお風呂に入る時間はとても楽しそうでした。

　けれども、若いころから一人暮らしをしてきたSさんにとって、教会のように大勢の人が出入りし、おつとめや食事の時間が決まっている生活は窮屈だったのかもしれません。食生活にもこだわりがあったので、やっぱり元の家で自由に暮らしたいという気持ちが強くなったようです。家族の方が尽力し、介護ヘルパーさんやご近所の力も借りて、住み慣れた家で生活できる態勢が整うと、帰っていかれました。

　その後も紆余《うよ》曲折があり、倒れては入院し、回復してはまた倒れてと、教会と家の行きつ戻りつを繰り返しました。兄弟の家に身を寄せた日もありました。そして最期は、長年過ごした愛着のある家に程近い、介護施設で息を引き取ったのでした。

気がつけば、あの事故から二十三年が経《た》っていました。

わが家には、玄関近くに『Sさんの部屋』と呼ばれる部屋があります。最後に教会をあとにされて十年以上経つのに、いまだにそう呼ばれているのです。野辺《のべ》の送りを済ませて帰ってきたとき、Sさんの部屋の前を通りながら「あぁ、私たち、家族だったんだなあ」と、つくづく思いました。


最近は、核家族やおひとりさまなど、家族の単位は小さくなる一方ですが、教会では、そこに住む血縁のある家族だけでなく、出入りする信者さんや、さまざまな理由から門をくぐる人々も含めた皆が、神様を中心とする大きな家族として暮らしています。

誰かが、もめ事や悩み事を持ち込んでも、みんなは一人を、一人はみんなを思い、心を寄せ合う。そして、神様の教えに沿って明るく前向きに進んでいけるような、強くて太い絆《きずな》を紡《つむ》いでいきたいと願っています。

父の話によると、Sさん一家は信仰熱心だったお母さんを早くに亡くしたとのことでした。子供たちは困窮した生活のなか、誰一人、横道にそれることなく、早くから自立の道を進んだそうです。Sさんの人生には、きっと言い尽くせないほどの苦労があったことでしょう。そんなSさんを、つらいときも苦しいときも支えていたのは、心のなかのお母さんだったのかもしれません。

どんなに頑張っても、人は一人では生きていけません。皆、誰かに支えられているのです。私はいま、教会という家族の〝お母さん〟として、さまざまな人々が縁をつないで、誰かが誰かの支えになれるよう、その土台づくりに努めています。

「奥さん、五十、六十は洟垂れ小僧！」

ちょっとしんどいなあと思っていたら、どこかからSさんの大きな声が聞こえた気がしました。

そうですね。七十、八十の一人前になるまでには、まだまだです。Sさん、どうか、見守っていてくださいね。私たちは家族なのですから。

心の奥に眠る言葉

「くも」という題名の詩を読みました。

「空が青いから白をえらんだのです」

たった一行の詩です。

「空が青いから……、空が青いから……」

読み返し、つぶやき、そして目を閉じて、心のなかで何度も転がしてみます。

言葉がだんだん広がって、雲の白さに吸い込まれ、やがて空の青さに溶け込んでいくような気持ちになりました。

この詩を書いたのは、少年刑務所に服役中の少年です。奈良少年刑務所が取り組んでいる「社会性涵養《かんよう》プログラム」の一環として、少年たちの更生を願い、彼らの情緒を耕すために、寮美千子《りょうみちこ》さんという方が開いておられる「童話と詩」の授業から生まれたものです。

それまでおよそ詩を書くことなどには無縁だった彼らが、この授業によって、心の奥底に鍵《かぎ》をかけてしまい込んでいた自分を取り出し、見つめ、原稿用紙に映し出すまでには、かなりの時間がかかったことでしょう。そうやって紡《つむ》ぎ出された言葉には、万言を尽くしても足りないほどの思いがこもっているように感じました。

彼らの詩を集めた『奈良少年刑務所詩集』が、寮さんの手によって出来上がりました。一篇一篇の詩からは、彼らの歩んできた人生が見えてくるようです。

幸せだったころの思い出の数々。そして、それを壊してしまったのは紛れもない自分自身であることへの後悔。決して帳消しにはできないあの日が胸をよぎります。被害者への申し訳なさ、自身の無力感に押しつぶされそうになる気持ちを吐き出す詩が多く見られました。

また、「おかあさん」をテーマにした詩も、かなりの数にのぼりました。「ごめんね」と母親に詫《わ》びる詩が並ぶなか、母と呼べる人を知らずに育った少年の「ぼくからつたえたいことがあるんだ。うんでくれてありがとう」との言葉に、思わず深いため息をしていました。

そういえば、わが家の里子たちのなかにも、母の日に「お母さん、大好きです。産んでくれてありがとう」と作文を書いた子がいました。育児放棄され、

〝この子は私とは合わない〟と突き放されても、子供は決して母親を見捨てないのです。目を閉じても、母親の面影さえも浮かんでこない。そんな生い立ちを持っていても、子供はお母さんが大好きなのです。

寮さんの授業の素晴らしさは、少年たちがやっとの思いで紡ぎ出した言葉を、互いに読んで感想を述べ合うところにあります。普段の姿からは想像できない書き手の心を、詩の一語一語のなかから丁寧に拾い上げるような、思いやりにあふれた発言が続くといいます。

ありのままの自分を受け入れ、認めてくれる人がいると気づくことで、こんなにも素晴らしい心が育つのかと思わずにはいられません。

もちろん、そうなったところで彼らの罪が消えるわけではありません。むしろ、いままで以上に自責の念が湧《わ》いて、眠れぬ夜を過ごすことになるかもしれません。やがて外に出ることが許されるとき、それからが本当に厳しい道のりになるのでしょう。周りからも支えてあげたいものです。家族はもちろんのこと、宗教者である私たちにも力になれる場があるのではと思います。

わが家に来る里子たちのほとんどが、両親やそれに近い人によって虐待を受けた子供たちです。私は里親として、果たして子供たちをどこまでありのままに受け入れ、認めてきただろうかと振り返ると、決してそうではなかったと忸《じく》怩《じ》たる思いがします。

子供たちのなかには、悪いことだと分かっていても、他人の自転車を勝手に乗り回したり、友達の文房具に手を出したりする子もいました。まだ若かった私は、そうした行動だけに目を奪われ、背後にある母恋しさや、何らかのSO

Sに気づいてやれなかったり、正しい道を教えたいと思って取った対応が、その場限りの強制になってしまったりしたことがあったと思います。

時は流れ、子供たちや共に暮らす人々に育てられ、いまの私があります。マイナスを数え上げるよりプラスを認め、励ましていくことで、人は大きく成長するということを、さまざまな場面で身をもって感じるようになりました。

わが家に来たときには表情の乏しかった子供たちも、自分を受け入れ、認めてくれる人がいることに気づいてくれたのでしょうか。笑顔が増えて、だんだんと明るい顔つきになっていきます。

里子たちは、実の親と暮らせる環境が整えば元の家に戻っていきます。本来の家族の姿を取り戻すことができれば、これほどうれしいことはありません。それでも子供たちは、ひと時を共に過ごした教会家族の一員であることに変わりはありません。わが家の家族が、一人また一人と増えていく姿をありがたく思いながら、毎日を積み重ねていきたいと思っています。

母の一大事

「おばあちゃん、見て。大きいおばあちゃんの似顔絵描いたよ。こっちはね、バースデーケーキ！」

わが家は、親、子、孫、ひ孫の四世代家族です。ひ孫たちは、曽祖母《そうそぼ》に当たる九十三歳の母のことを「大きいおばあちゃん」と呼びます。

母の誕生日を前にして、ひ孫たちが誕生日プレゼントを作ってくれました。似顔絵はよく描けているし、紙箱を何段も重ねたバースデーケーキは、ろうそくも飾られた高さ四〇センチほどの大作です。折り紙を使っての長い輪飾りもできました。

みんなで母の部屋へ持っていくと、母は手を叩《たた》いて大喜び。ワイワイガヤガヤ飾りつけを済ませると、一気にお部屋が華やぎました。


つい先日まで元気だった母は、いま一日中、部屋のなかで過ごしています。事の起こりは今年の一月のことでした。

そのころ私は毎晩、お風呂好きの母と一緒に入浴していました。母は足元がおぼつかなくなっていて、一人で入っている間に何かあったら大変だと、心配になってきたからです。

その日も、いつもと同じように体を洗って、一緒に湯船に浸《つ》かろうと、私はひと足先に動きだしました。その目の前で、湯船の縁にかけたはずの母の手がつるりと滑って……。あとは、スローモーションビデオを見ているようでした。母の体がゆっくりと落ちていき、「痛い！」という声とともに、どさっと洗い場に転倒してしまったのです。

「大変なことになってしまった……」

なんとか眠りについてもらうまでの長かったこと。翌日、かかりつけの病院を受診すると、「肩の骨が折れているねえ」と、先生の気の毒そうな声。恐れていたことが現実になりました。

「なんで、よりによってこんな時期に……」

あのとき母が湯船の縁を乗り越えるまで見届けていれば……という反省以上に、私の心には、どうにもならない不足の心がむくむくと芽生えてきました。

というのも、三年前から予定していた天理教教会本部にお参りする日程が、ついそこまで迫っていたからです。

今年の一月二十六日は「教祖百三十年祭」という、十年に一度の教祖の年祭が勤められ、母も久しぶりにおぢば帰りができることを、ことのほか楽しみにしていました。

一年で一番寒い季節のこととて、風邪をひかないように、足を痛めないようにと、事前に体調管理に努めていました。さらには、出かけた先での不測の事態に備えて、あれこれと想像を巡らせながら準備を重ね、あとはその日を待つばかりというところまで来ていたのです。それなのに……。「あぁ、これではもう、母を連れていってあげられないな」と、私はすっかり落ち込んでしまいました。

ところが当の母は、絶対に行くという信念からか、服を着るときも、ご飯を食べるときも、痛そうに顔をしかめても弱音は吐きません。そして、ありがたいことに協力者がいっぱい現れて、同行してお世話をしてもらえることになりました。病院の先生も「気をつけて行ってらっしゃい」と後押しをしてくださり、おかげで母の念願を叶《かな》えることができました。

当日は、大寒波の予想が見事に外れ、ぽかぽかと春のような陽気で、車いすの母を先頭に、私たち一行は心うれしく参拝することができました。

さて、時は流れ、肩の骨折も少しずつ回復して、自分でご飯を食べられるようになったと喜んでいた矢先のこと。母がまた「痛い！」と声をあげました。今度は足を骨折したのです。

病院の先生によると、骨粗鬆症《こつそしょうしょう》で骨がもろくなっているため、ふとした弾みで起こり得るのだそうです。そして、弱り目にたたり目とはこのことかと思うほど、何日も経《た》たないうちに次々と病気があらわれ、母はあれよあれよというう間に、立つにも座るにも人の手を借りなければならない身となってしまいました。

高齢の母と生活していれば、いつかはこんな日も来るだろうと、漠然と心の準備はしてきたつもりでしたが、いざ現実となってみると戸惑うことばかりです。

たとえば、ベッドから身を起こすという動作でさえ、どうすれば痛がらずにできるだろうかと、母の表情を見ながら試行錯誤する毎日です。また、少しでも筋肉が落ちないようにと、本人ができることには手を出し過ぎず、じっくり待つことも大切だと思えるようになりました。小さなことかもしれませんが、自分がその立場になってみて初めて分かることがあるのですね。

以前、知り合いに、何年もの間、一人で家族の介護をしておられる方がいました。私も毎月顔を出して様子を尋ねたりしてはいましたが、いまさらながらどんなにか大変だったろうと、何も力になれなかったことが、あらためて悔やまれました。

とにかくもう一度、母に元気になってもらいたい。いま、家族みんなが同じ思いで母に寄り添えることを、心からありがたく、うれしく思います。

考えてみると、あのとき肩の骨折だけで済んだから、おぢば帰りができたのです。もし足も一緒に骨折していたなら、とても叶わない夢でした。困ったなあと思える出来事のなかにも、神様は必ず喜べることを与えてくださっていると気づくことができました。

神様、ありがとうございます。これからも家族の心を一つにして、母が笑顔でいられるように頑張ります。

ストレスがトマトを育てる

静岡でトマトを栽培している、鈴木さん宅にお邪魔したときのことです。床暖房のきいたリビングに、大きなコンテナが積み上げられていました。中をのぞいてみると、まだ青いトマトがいっぱい詰まっていました。

「今回のトマトは、もう終わりでね。普段は木で赤く熟したものを出荷しているんですが、畑を調整するために、青いのも全部収穫したんです。こうして、しばらく置いておくと、赤く色が差してくるんですよ」

そう言われて、ほかのコンテナを見せてもらうと、確かに赤くなったトマトも見受けられます。

「実のてっぺんの皮が、ちょっと黒く、固くなっているのがあるでしょう。こういうトマトは甘いんです。実はね、これはトマトのストレスなんですよ」

トマトにストレス？　初めて聞きました。研究熱心な鈴木さんの話は、これだから面白いんです。

「植物は、みんな根っこから水分を摂取して生きていますね。だからといって『さあさあ、飲んで飲んで』と、水分を十二分に与えれば立派な甘いトマトができるかというと、そうではないのです。水分をコントロールして、生きていけるギリギリのところまで少なくしていったほうが、おいしいトマトになるんです。水が足りない、水が欲しいという、トマトの叫びがストレスとなって現れたのが、この皮の固いところなんですよ。でもね、商品として出すには皮もきれいで、つるんとしたトマトでないと売れません。だから私は、ストレスが表に現れてくる寸前の水分コントロールを目指して、毎日トマトを眺めているんですよ」

鈴木さんの話は、いよいよ佳境に入っていきます。

「人間だって同じです。小さいときから欲しいものを何でも与えられ、何をしても許されて育った子供は、困難に出合ったときに、思い通りにならないと、すぐに挫折《ざせつ》してしまうかもしれません。〝頑張る力〟が育っていないのです」

鈴木さんの話に同調して、隣にいる夫も話し始めました。

「おっしゃる通りですよ。先日、大リーガーのイチロー選手が大きな記録を達成しましたが、彼は小さいころ、野球の練習ばかりしていて、近所の人から『プロ野球選手にでもなるつもりか』と笑われていたそうです。その彼が、そんな屈辱をバネに努力して、晴れてプロ野球選手になり成功を収めた。大リーガーとなってアメリカへ渡ってからも、さまざまな困難があったでしょうが、彼は、毎日毎日の小さなことも手を抜かずに練習を積み重ねたことが、成功につながったのだと言っています。彼のインタビューはいつも人の心を打ちますよね。それは、努力した人間だからこその言葉だと思うのです」

二人の興味深い会話に耳を傾けながら、ふと気がついたことがありました。それは、鈴木さんのトマトにもイチロー選手にも、周りに彼らを見守る応援団がいたということです。

トマトには、ギリギリの水分コントロールをする鈴木さんの、温かくて、わずかな変化も見逃さない厳しい眼差《まなざ》しがありました。イチロー選手にも、ときに彼の苦しさに共感しながら、彼のぶれない人生観がつくり上げられるまでに導いた家族の存在があったと思うのです。さらには、熱心なファンの存在も励ましになったであろうことは言うまでもありません。

翻《ひるがえ》って、わが家の里子たちはどうだろうかと思いを致しました。わが家では、何らかの理由で親と共に暮らせない子供をお預かりしています。彼らは表面上は、普通の子と何ら変わりなくても、心に深い傷を負っていて、それが学校生活や友達との関係にも影を落とします。

しかもその傷が、本来なら守ってくれるはずの親から虐待されたり、無視され続けたりしたことに原因があるとすれば、これほどつらいことはないでしょう。里親として共に暮らす私たちは、子供たちの心がこれ以上折れないように、また、折れた心が少しずつつながってくれるように、気を配り、心をかけて育ていこうと誓っています。

それとともに大切なのが、実の親の支援だと思います。里親として駆け出しのころは、実親に対して「なんてひどい親なんだろう」と、少なからず不信感を抱くこともありました。しかし、じっくり話を聞いてみると、彼ら自身が親に愛され育てられる子供時代を過ごしていないということに気がついたのです。

いまの私の願いは、里子とその親たちも一緒に、わが子わが家族として応援していくことです。頑張ろうとする力は、頑張れと応援してくれる人がいてこそ、強く大きくなるものだと思います。

「さあさあ、食べてみてください」

鈴木さんの奥さんが、少し冷えたトマトを切ってくださいました。もちろん、てっぺんが黒い、あのストレストマトです。

おいしいトマトを頂きながら、わが家の里子たちの未来をトマトに重ねて、「傷ついても大丈夫。私たちがずっと見守っているよ。だから、少々のストレスがあっても、それをバネにして成長してくれる子供たちでいてね」と、そんな願いを託しました。

今月の目標

わが家は五月から十人家族になりました。デイサービスに通う母と、私たち夫婦と息子夫婦。それに、学校へ行っている子供たちも四人います。大人はそれぞれに仕事や予定を抱え、子供たちも学校行事などで結構忙しいのです。みんながお互いの予定を共有しておかないと、さまざまな行き違いが起こってきます。

たとえば、今度の金曜日から三日間は私たち夫婦が車でお出かけ。息子は日曜日に会議。同じく日曜日に、嫁はスポーツ少年団に入っている孫の試合で車出しの当番。それぞれの予定をみんなが把握しておくことで、教会に二台ある車が出払えば息子は電車で移動するといった具合に、前もって決めておけるので、とっさに困ることはありません。

そこで、家族十人分の「今月の予定」を壁に張り出すことにしました。これで一目瞭然！　ほかの人の予定をお互いに見ることで、譲り合うこともできます。これは家族のすてきな習慣になると直感しました。

さっそく予定表を張り出したとき、毎月の予定だけでなく、毎月の目標も加えてはどうかと思い立ちました。以前、孫たちに、勉強と生活について「今月の目標」を書かせたことがありましたが、私の熱意が足りず、予定表を作り忘れたりして、結局は途中でうやむやになってしまったことがありました。今度は大人も入れて十人ですから、ますます難しいかとも思ったのですが、とにかく実行あるのみと、みんなに提案してみました。

Ａ４の紙一枚に、十人が一行ずつ書くだけのシンプルな表を作りました。みんなに回すと、思ったよりも嫌がらずに書いてくれました。

「七時四十分までに家を出る」。小学二年生の孫は、前日に学校の準備はできているはずなのに、朝食や歯磨きに手間取り、また他のきょうだいに気をとられて、なかなか時間通りに家を出ることができないという自分の問題を、しっかり見つけて目標を決めました。

「部活を早く決める。六時三十分までに起きる」。五月から家族となった里子は、いま一番気になっていることや、できていないことを解決しようとする意欲が見えます。

「六八キロを目指す」。以前、ダイエットに成功した夫は、最近リバウンドの傾向があり、堅い決心です。
「全力で遊ぶ」。二歳の孫の目標は、お母さんが書きました。これもいいですよね。
「暑いと言わない」。最後まで空白だった息子の欄も、ようやく埋まりました。
こうして出来上がった「今月の目標」を、「今月の予定」の横に張り出しました。

それぞれにとても良い気づきが書き込まれた今月の目標が出来上がったので、よく投稿するSNSに、写真付きで「今月の目標」の経緯を書きました。すると、意外にも多くの反響がありました。
自分の家でもやってみたいとか、家族だけでなく、いろいろな集まりでも使えるのではないかという意見もありました。

そんななか、「暑いと言わない。これはいいですね。私の父は『天気に不足してはならない。天気に不足する者は、すべてのものに不足するから心せよ』と、いつも言っていました」と、私よりも年上の方からコメントを頂いてハッとしました。実は、十人の目標のなかで、私が一番「これはどうかなあ」と思っていたのが、「暑いと言わない」だったのです。

よくよく考えてみると、私たちは日ごろ、お天気の不足をつい口に出してしまいます。「暑くてやりきれませんね」「寒くて困りますね」。ちょっと長雨が降っても、日照りが続いても、自分にとって都合が悪ければ不足のタネとなり、それが人と会ったときのあいさつにさえなっています。

お天気は、いくら変えようとしても変えられるものではありません。人間の力で変えることのできない、神様の領域にまで不足をしているようでは、あらゆる出来事に不足するようになる。いわば〝不足癖〟のついた人間になってしまうという、人生の先輩からの戒めが深く心に届きました。

やがて一カ月が経《た》ちました。たった一行の目標ですが、効果は絶大でした。

小学二年生の孫は、毎朝のおつとめを済ませると、時計に目をやりながら準備を整えて、七時四十分にはきちんと家を出るようになりました。五月から家族になった里子も、姉と同じ茶華道部に入ると自分で決め、朝もひと言声をかけるだけで、すんなりと起きられるようになりました。何ごとも有言実行の夫は、しっかりと目標の休重をクリアしました。

気になるのは「暑いと言わない」と目標を立てた息子です。暑がりで、人が汗をかいていないときでもタオルを手放せない彼が、「ここ一カ月、だんだん暑いと言わないで過ごせるようになったよ」と報告してくれました。なんて素晴らしいことでしょう。心に決めることで人は変われるのですね。

親の信仰を受け継いで、教えの世界に身を置いている私ですが、時に信仰心を試されるような出来事や出合いがあり、それが人生の節目となって、今日の日があると感じています。心臓の病気が分かったとき、人間関係に悩んだとき、家族や大切な人たちに困難が起こってきたときなど、あらためて教えと向き合い、親なる神様を信じる心を定めて実行することでたすけられてきました。

人間に許された心の自由、目には見えない心の使い方が、私たちの幸せを決めるといっても過言ではないと思います。

さて、七月も末になり、次の目標を立てるに当たり、一カ月の区切りではなく、子供たちのスケジュールに合わせて「夏休みの目標」を家族で立てました。

「目指せ、六七キロ台」

「感謝の言葉を口にする」

「間違いを放っておかない」

いい目標がいっぱい出てきました。

だらけてしまいそうな時季ですが、壁に張り出された「夏休みの目標」が、みんなの心をキリリと引き締めてくれることでしょう。

そうそう、息子の目標は「暑いと言わない」の継続だそうです。不足癖がつかないよう、私も便乗してみようと思います。

人生相談から見える家族の姿

二月三日は節分の日。そして、夫の誕生日です。息子家族が同居するようになり、里子も合わせて十人家族の今日このごろ、この日は教会で、日々の感謝を申し上げる夕づとめの後に、神殿で豆まきをしました。

夕食は、ささやかなバースデーパーティーです。今年のメーンメニューは、私の恵方《えほう》巻きと嫁のヒレカツ。みんな「おいしい」と言って食べてくれました。ちょうど頂き物のロールケーキがあったので、ろうそくを立てたら、三歳の末の孫がおじいちゃんのひざによじ登って、自分で吹き消そうとします。その姿

郵便はがき

料金受取人払郵便

天理局
承認

886

差出有効期間
令和４年４月
17日まで

6 3 2 8 7 9 0

日本郵便天理郵便局 私書箱30号
天理教道友社

「縁あって『家族』」係行

※書ける範囲で結構です

お名前	（男・女）

ご住所（〒　　　-　　　　）電話

ご職業	関心のある出版分野は

天理教信者の方は、次の中から該当する立場に○をつけてください。
• 教会長　• 教会長夫人　• 布教所長　• 教会役員
• 教人　• よふぼく　• その他（　　　　　　　　）

ご購読ありがとうございました。今後の参考にさせていただきま
すので、下の項目についてご意見・ご感想をお聞かせください。
※なお、匿名で広告等に掲載させていただく場合がございます。

この本の出版を何でお知りになりましたか。

1．『天理時報』『みちのとも』『人間いきいき通信』を見て
2．インターネットを見て
3．人にすすめられて
4．書店の店頭で見て（書店名　　　　　　　　　　　　）
5．その他（　　　　　　　　　　　　　　　　　　　　）

本書についてのご感想をお聞かせください。

道友社の出版物について、または今後刊行を希望される出版物について、ご意見がありましたらお書きください。

ご協力ありがとうございました。

に、みんな笑顔になりました。

小学二年生の孫からは、飛び出すカードのプレゼント。開けてみると、赤鬼が飛び出てきました。学校が終わってから宿題やお手伝いの合間に、見つからないように作ったのでしょう。

四年生の孫は、何やら大事そうにお菓子の箱を持ってきました。ふたには「今年の運勢はどうかな。占ってみよう」と書いてあります。夫が開けてみると、四角く折りたたまれた紙がたくさん入っています。おみくじです。「おじいちゃん、引いてください」と促され、夫が一つ引きました。結果は大吉。「今年は一年、元気に過ごせるかも……」と、言葉が添えられています。

みんなが「いいね」とか、「すごい」とか、口々に言いながら拍手を送りました。おみくじの紙はたくさん入っているので、みんなも一枚ずつ引くことができました。「大吉！」「大吉やー！」と、次々に喜ぶ声がします。

私は小さな声で孫に聞きました。

「もしかして、全部大吉なの？」

「うん、そうだよ」

「な～んだ」

種明かしをすれば、そういうことだったのです。それでも誰一人、嫌な顔をする者はいません。そうなんです。誰だって、これからの一年がどうなるかなんて分からないのです。それでも、誰かに「大丈夫だよ」と言われると、こんなにも心が安らぎ、テンションが上がるものなのだと、不思議な感動に包まれました。

さて、私は五年前から『天理時報』で人生相談の回答者をしています。まだまだ人生半人前と思っていますが、年だけは重ねてきて、本人が一番びっくりするようなお役が回ってきたのです。

毎回、編集者から送られてくる相談の手紙を読みながら、世の中にはなんと多くの悩みが存在するのだろうと感じています。特に、私が担当する夫婦・親子などの人間関係の悩みは、相手とのちょっとしたボタンの掛け違いから、誰にでも起こり得るようなこともあれば、いくら考えても答えの出ない、深い悲しみに打ちひしがれるような悩みもあります。そんな質問を前にして、私自身オロオロしてしまうことも、しばしばです。

しかし、そんななかで、いままで誰にも言えなかったり、誰に相談しても心が休まらなかったりしたであろう相談者の声に、しっかりと耳を傾け、「よく相談してくれましたね。声をあげるのは勇気がいりましたね」と、すべてを受けとめ、ねぎらうことで、相談者の心もほぐれていくのではないかと考えています。どんな言葉も、心が開かないと入っていかないですよね。

天理教では、遠い昔に親神様が、地と天とを象《かたど》って夫婦をお創《つく》りくださったと聞かせていただきます。夫婦は、身体《からだ》のつくりも役割も違いますが、お互いに認め合い、たすけ合って、陽気ぐらしへと共に歩む間柄なのです。また、家族も同様で、親はかわいいいっぱいの心で子供に満足を与えて育て、子供は親孝心を肝に銘じて通っていけば、いつも晴天の心で過ごすことができるのです。

陽気ぐらしへと続く道を、夫婦、親子、家族でたどり、そしてその気持ちがお隣へ、またそのお隣へと伝わって、世界中が陽気ぐらしの世に変わっていくよう、今日の一歩を大切にしたいものです。

人生相談から見えてくる家族、それは、いまの世を映す鏡であると思います。よく見れば、私たちの周りには、同じように悩んでいる方が必ずおられることでしょう。「お元気ですか?」「お困りのことはないですか?」「何かお手伝いさせていただきましょう」と、温かい笑顔を添えて、ひと言でも声をかけさせていただきたいと思います。

日本語には、きれいな言葉がたくさんあります。「恩送り」という言葉は、私の大好きな言葉の一つです。親神様からお借りしたこの命、元気に動けるありがたさに感謝して、そのご恩をどなたかに送りたいものです。

孫が、おじいちゃんを喜ばせようと作ったおみくじで、みんなが幸せになれたように、相手の気持ちを思いやる心と、それを行動に移す勇気を持って歩みたいと思います。

母の一大事　パート2

「吉福さーん、こんにちは。検温お願いします」

昼下がりの病室には、ゆったりとした時間が流れています。

「吉福さんは、いつも違う人が来てくれていいですね。近ごろは土曜、日曜でも、面会に来てくれる人がいない方も多いんですよ」

体温や血圧を測りながら、看護師さんが優しく話しかけてくれました。

「お母さんは、頑張ってたくさん子供を産んだものね。みんなに親孝行してもらわなきゃね」と姉が言うと、母はニッコリほほ笑みました。

九十五歳の母は、いま入院中です。私はこの原稿を母の病室で書いています。二年前、お風呂場で転び、骨折したときの顛末《てんまつ》を「母の一大事」として書きました。自分で自分のことがままならない状況でも弱音を吐かず、周囲の誰もが無理だろうと思っていた極寒の天理へ、念願のおぢば帰りを果たした母の強い信仰心には感動しました。

骨折からおよそ一年かかって少しずつ体力を取り戻し、やっと元の生活ができるようになりました。デイサービスにも復帰して、穏やかに誰彼となく言葉を交わし、毎日を楽しんでいるようでした。時折、姉が旅行に連れ出して、温泉に浸《つ》かったりおいしいものを食べたりと、単調な毎日に華やぎを与えてくれています。

月日は流れ、いつしか骨折して寝たきりになった日も忘れ、九十五歳の誕生日には子や孫、そして、ひ孫たちもお祝いに駆けつけ、「百歳まで元気でいてね」と、皆の心は前へ前へと向かっていました。

春。長い冬を乗りきったご褒美《ほうび》のように、庭の花たちが一斉に咲きだしました。蠟梅《ろうばい》、椿《つばき》、梅、桜……。このあとに続くのは、わが家の庭のシンボルともいえる、十本以上ある牡丹《ぼたん》です。

「今年は少し開花が早いみたい。もうすぐ咲きますよ。楽しみね」

食卓でそんな会話をしていたある日、母が突然発熱し、おまけにお腹《なか》が痛いと言うので、かかりつけ医に診てもらいました。その後、あれよあれよと病状が変わり、気がつけば総合病院に入院することになりました。

九十五歳の入院ということで、治療もさることながら、入院生活に耐えられるかどうかがとても心配でした。

完全看護といっても、四六時中見てもらえるわけではありません。環境の変化によるさまざまな不測の事態に備えて、できるだけ誰かが母のそばにいるようにしました。家にいるときと同じように、ゆったり生活してもらいたいと思ったからです。

ありがたいことに、名古屋に住む姉が、時間を割いて何日間も付き添ってくれ、その姿をお手本に、家族で協力し合って、だんだん付き添いのスケジュールが埋まっていきました。

姉は、夫の一番上のお姉さんで、七人きょうだいの長女です。きょうだいのなかで一番苦労してきたはずなのに、誰よりも朗らかで、思いやりにあふれています。家族のもめ事も、相談事も、みんなが姉を頼りにして、姉の言うことならみんな納得です。友達も多く、古稀《こき》を過ぎたいまでも、毎日が充実して、とても忙しそうです。親孝行もピカイチなのは言うまでもありません。姉を見ていると、「幸せを呼び寄せる生き方って、きっとこんな生き方なんだろうな」と思えます。

教会では、母の平癒《へいゆ》を祈るお願いづとめを毎日勤めています。また、各地におられる教会の信者さんたちも、母の入院を知って、神様に朝夕お願いをしてくださっているとのことでした。

母の口に合うものをと、優しい味を手作りして届けてくれる人。大きいおばあちゃんの部屋に飾ってと、一生懸命に描いた絵を持ってお見舞いに来るひ孫たち。最近できた、教会に集まる女性たちのライングループのなかに介護職の人が何人かいらして、少しでも口に入りそうな食品の情報を教えてくれます。

家では、留守の多い私に代わって、すべてを切り盛りしてくれる嫁や息子たち。それぞれ自分にできることを精いっぱいやって、母の回復を祈ってくださることがありがたく、とてもうれしく思います。

まさに、これこそ私が目指している「教会という家族」に近づいている姿です。私が言う「教会という家族」とは、教会に住んでいる家族だけではなく、教会を心の拠《よ》り所として参ってくださる多くの人たちも含めて、みんなが思い合い、たすけ合っていける、大きなつながりとしての家族です。

母の一大事は、入院から二十日が過ぎ、そろそろ退院の方向に進んでいます。本当に、たくさんの方々の祈りの力のおかげと感謝しています。そして、こんな大変なことになっても、私たちが落ち込むことなく、前へ向かって進めるように、神様は大きな喜びも下さったように感じています。

入院の日取りにしても、周囲の私たちの仕事に全く支障なく、しかも母の体調にとっても、これ以上ない絶妙のタイミングでした。発病してからの医療や介護関係の方々との出会いも、不思議なほどスムーズで、何一つつまずくところはありませんでした。

そして私にとっては、夫と結婚して四十年、母と親子になってから、これほど長くゆっくりと一緒にいるのは初めてのことでした。ありがたい時間を過ごすことができました。

何もかも親神様のご守護のなかに抱かれていることを実感しています。窓の外は五月《ごがつ》晴れで、街は今日も静かです。病室の窓に飾られたひ孫の絵を眺めながら、早く退院できるといいねと、今日も親子の会話が続いています。

探し物は何ですか？

「おばあちゃん、今日は何を捜してるの？」と孫に言われるほど、最近、捜し物をすることが多くなりました。

先日も外出先から帰宅して、ホッとしたのもつかの間、「あら、私、腕時計どこに置いたかしら？」と、持っていったいくつものカバンをひっくり返しましたが、どこにもありません。記憶をたどると、お邪魔した友人宅で外したところまでは、はっきり覚えているのですが、その後の記憶が全くないのです。友人に電話をして捜してもらうよう、お願いしました。

ところが翌朝、いつもの置き場所を見ると、腕時計が置いてあるではありませんか。友人宅で外したところまでは覚えていたのに、はめたのも、帰ってきていつもの場所に置いたのも、すっかり忘れていたのですね。

年齢の近い友人たちが集まると、忘れっぽくなったとか、いつも捜し物をしているというような話題で盛り上がります。携帯電話、メガネ、鍵《かぎ》は、みんなの捜し物トップ3ですが、私はそれらが入っているバッグまで捜し回っているのですから、かなりの重症かもしれません。

そうかと思えば、離れて暮らす息子の嫁から、こんなメールが入ります。

「お母さん、この前、長女が近くの原っぱで、四つ葉のクローバーを五分間で四つも見つけたんですよ。どうするのかしらと見ていたら、二人の弟に一つずつあげていました。優しい気持ちがうれしかったです」

まあ、すごい。四つ葉のクローバーを見つけるのは大変でしょうが、おばあちゃんの捜し物とは違い、心穏やかに、かわいい弟に自分の幸せのお裾《すそ》分けをしている姿を、愛《いと》おしく感じました。

わが家には、親や周りの人からの虐待などを理由に保護され、親と共に暮らすことのできなくなった里子たちがいます。外見だけを見れば、同じ年の子供たちと何ら変わりありませんが、その心の内では、いつも見つからない探し物をしているようだと思うときがあります。

もう十年以上も前にお預かりした女の子の話です。わが家にやって来るときの里子たちは、ほとんどが着の身着のままで、この子も紙袋を一つ提げてやって来ました。

いろいろな方に協力を頂いて、学校の勉強に必要なものをすべてそろえたつもりでしたが、どうしたことか、社会科の副読本がもれ落ちていたのです。気づいたときには、すでにわが家に来て四カ月近くが経《た》っていました。

「いままで社会の授業はどうしてたの?」と聞くと、「いつも『忘れた』と言って、隣の子に見せてもらってた」との返事。副読本のため、授業で使う頻度が少なくて、先生も気がつかなかったのでしょう。「教えてくれたら、もっと早く準備してあげたのに」との私の言葉に、彼女は無言を通しました。

その夜、彼女の寝顔を見ながら考えました。彼女は、実の母親を悪者にしたくなかったのではないかと。

「お母さんは、こんな大事なものまで捨ててしまったのか、なんて、お母さんのことを悪く言われたくない。私が大好きなお母さんを守るんだ」

そんな思いで、この子は口を閉ざしていたのかもしれない。そう思うと、目頭が熱くなりました。家にいたころは、お母さんからもつらい仕打ちを受け、悲しい思い出しかないはずなのに――。

小さな子供だけではありません。中学三年生のときに学校で保護されて、そのままわが家で生活することになった女の子は、突然、母親と引き離された現実がいつまでも受けとめられずに、ぽっかりと空いた心の穴を埋めようと必死にもがいていました。

子供にとって、この世に母親の代わりはないのですね。わが家から〝卒業〟したいまも、彼女は何か探し物をしているのではないかと気にかかります。

教会で生活していると、さまざまな悩み事を抱えた人々との出会いがあります。大きな問題を解決したいと熱心に参拝していても、事態が良い方向に向かうと、安心して教会から足が遠のく人もいれば、重い病が一向に良くならなくても、神様に生かされていることに感謝し、自分のことはさておき、人のたすかりのために祈りを捧《ささ》げる人もいます。

若いころから真面目《まじめ》すぎるゆえか、あちこちぶつかりながら人生を生きにくく過ごしてきた女性が、天理で三カ月間、教えを学ぶ修養科を了《お》えて、こんな感想を話してくれました。

「いままで、どうしてこんなにつらかったんだろう。多くの人が私を心配して、支えてくださっていたから、今日まで歩いてこられたんですよね。それに気づくことができて、いままで探していたものが見つかったような気分です……。そうだ。探し物は、神様だったのかなあ？」

最後のつぶやきを聞いたとき、彼女はおぢばで、すてきな生き方を見つけたのだと、こちらもうれしくなりました。

もしかしたら、探し物のない人生なんて、ちっとも楽しくないかもしれません。悩みがあっても、神様の教えを頼りに毎日をコツコツと生きていれば、あるときパッと目の前の視界が開けて、いままで見えていなかった探し物に出合える。そんな日がきっと来ると信じて、生きていきたいものです。

孫に「今日は何の捜し物?」なんて聞かれないように、一瞬一瞬を、意識を持って丁寧に過ごしていれば、なくしたことに気づかずにいたものまで、見つけることができるかもしれません。なんだかワクワクしてきました。

さて、あなたの探し物は、何ですか?

ありがとうの詩《うた》

「おばあちゃん、大きいおばあちゃんが息をしてるかどうか、どうやって見るんですか」

昨年八月十五日、お昼ご飯を済ませてパソコンに向かっていると、孫の勇人が聞きに来ました。大きいおばあちゃんとは、九十六歳になる主人の母のことで、身長一五〇センチながら、わが家の根っこのような存在です。

「大きいおばあちゃんの鼻の下に、勇人くんの人差し指を置いてごらん。大きいおばあちゃんの息がかかって、くすぐったいと思うよ」

私がそう答えると、「分かった」と元気よく廊下を走っていきましたが、すぐに戻ってきて「やってみたけど、お母さんも僕も分からない。おばあちゃんが見てください」と言うのです。ここにきて私は、やっと「大変だ」と気がついて、部屋を飛び出しました。途中、「おじいちゃんとお父さんも呼んできて」と、大声で叫んだことを覚えています。

その日は朝から母の様子に変化があり、朝一番に来てくださった訪問介護のスタッフさんから「会わせたい人がいたら、早く呼んだほうがいいですよ」と言われました。びっくりして、思いつく人には電話で知らせました。家にいる家族も、母の部屋に集まってきました。

主人が「お母さん」と声をかけると、母は声がするほうに大きく手を伸ばし、一生懸命に何かをつかもうとします。その手を主人がぎゅっと握りしめた瞬間、見開いた母の目に強い力が宿り、声にならない言葉を主人に発していたように感じました。

天理で、教会長になるための講習会を受けていた長男が帰ってきたのは、お昼ごろでした。「おばあちゃん、ただいま帰りました。おぢばで講習会を受けてきました」と長男が言うと、母はしっかりと手を握り返したそうです。

それからわずか一時間後でした。母の部屋で子供たちを遊ばせながら、様子を見てくれていた嫁にも全く分からないくらい、静かで穏やかな最期でした。

母は三年前にお風呂場で転んで骨折し、寝たきりになりかけました。それから一年ほどかけて、なんとか自分でトイレに行き、ご飯も家族と一緒に食べられるまでに回復しました。しかし、いまにして思えば、そのころから少しずつ体力が衰えてきていたのではないかと思います。お腹《なか》が痛くて、ご飯が食べられない日が続きました。

介護を経験した人なら感じたことがあるかもしれませんが、「ご飯を食べないと体力が保てない」と思うので、本人にとって苦しいということが分かっていても、つい食事を勧め過ぎてしまうのです。こちらの感情を強く表してしまい、あとで反省したことも一度や二度ではありません。

酵素を送る膵管《すいかん》が炎症を起こし、ボールのように腫《は》れているのが分かったのは、かなり時間が経《た》ってからです。すぐに入院しました。検査をしながらの入院生活は、ひたすら絶食と点滴でした。

人間は、ご飯を食べると消化酵素が作られるようになっているそうです。膵臓を休ませ、酵素が膵管を通らないようにするためには、食べないことが一番なのです。知らないがゆえに、やってはいけないことをしていたのだと分かり、申し訳なく思いました。

母はその後、胆嚢《たんのう》の不調もあり、三度目の入院をしました。このときは、とりわけつらかったようです。

退院前の五月末、入院先の病院に、母に関わるすべての人たちに集まってもらいました。母は、はっきりと「家に帰りたい」と口にしました。私たち家族に異存はありません。

しかし、母の生活を考えると、家族だけの頑張りではどうにもならないこともありました。私たちの望みは、五カ月後に行われる孫の会長就任奉告祭を見届けてほしいということでした。集まってくださった皆さんに、そのことを伝えると、「目標に向かって私たちも協力しますよ」と応じてくださいました。

介護スタッフさんや、かかりつけの医院のおかげで、家族は安心して在宅介護に踏みきることができました。


いま、私の手元には、六月一日から始まった「母の介護日記」があります。A4の紙で一日一枚、八月十五日に亡くなるまでの全七十七枚です。在宅介護中、朝から夜まで誰が何をしたかが、ひと目で分かります。

家族間の意思の統一を図るための申し送りや、連絡事項を書き留める目的で作ったのですが、訪問介護のスタッフさんや往診の先生も、血圧から酸素濃度、おむつの状態、そのほか行ったことを丹念に書いてくださり、その日の食事のメニューや食べた量まで、すべて記録されました。

欄外には、その日の出来事やお天気なども書かれていて、どれほど多くの人たちが母のリハビリに関わってくださったことかと、あらためて思います。
名古屋から足繁く通ってくれた姉も、母やみんなの食事を毎日担当してくれた妹も、大きな力になりました。また、母のそばで飛んだり跳ねたり、揚げ句の果てに、ベッドの下にもぐり込んで嫁に叱《しか》られていた孫たちも、母にとっては〝笑顔のプレゼンター〟でした。

十月に息子の会長就任奉告祭が無事に終わり、やっとひと息つきました。悲しみに浸《ひた》る間もなかった母の最期を、いま思い返してみると、母との四十年の生活に思いが至ります。ふと思い出す一場面、皆の語り草となっている一場面、どんな場面でも、母からたくさんのものをもらっていたと感じます。

「ありがとう」「大丈夫よ」と、人を気づかうことにかけては天下一品でした。言葉や態度、そして何よりも、その心を真似《まね》していきたいと思います。

天理教の教えでは、「死」は「出直し」であり、古い着物を脱いで、新しい着物に着替えるようなもの。その魂は、しばし神様が抱きしめてくださって、また縁のあるところへ新しい着物を借りて帰ってくると教えられます。

毎年、年賀状の近況報告を心待ちにしてくださっている方も多いので、喪中はがきには、母の出直しのいきさつをまとめて、お礼の挨拶《あいさつ》状としてお送りしました。

最後に、私から母へのお礼状を。

「お母さん、四十年間、そばにいられて幸せでした。ありがとうございます。また来生、縁あって親子になるかもしれませんね。楽しみにしています」

あとがき

夫が言います。「うちの家は丸裸やなあ。透明な家に住んでいるみたいや」末娘の道恵《みちえ》も、「そうやわ。全然知らない人から、『この前のエッセーに出てた、あのみっちゃん？』って声をかけられたこともあるし」息子までもが、「アメリカから帰ってきたら、誰にもしゃべってないことを友達がみんな知っていた。犯人はすぐに分かったけどね」

こんな感じで、家族はもとより、時には教会の信者さんや、町行く知らない人をも登場人物として綴《つづ》ってきた〝言の葉〟たちを、一冊にまとめていただくことになりました。

結婚して間もなく、父は教会内の「書くことすべて」を私に任せました。郵便で毎月お供えを送ってくださる信者さんへは、その都度お礼状を認《したた》めます。父に文案を見せると、その家や人の状況に合わせて文章に手を入れつつ、入信から現在の様子までを聞かせてくれました。おかげで、その後初めてお会いする信者さんとも旧知のような親しさで接することができました。父は、一枚の手紙にも心を込めて、人の丹精に尽くす大切さを教えてくれました。

父の原稿を清書するのは、根気のいる作業でした。まだパソコンもワープロもなかったころのことです。失敗しては書き直し、また初めから……。そんなことを繰り返すうちに、吉福家の信仰の元一日をはじめ、父自身の信仰の自覚や、これまで歩んできた道が、すっかり頭に入りました。

あのころ、清書の作業に少々疲れ気味だった私の機嫌を取るように、父はよく、こう言ってくれました。「多恵子は、これから文書布教をさせてもらうんだぞ」。思えば、褒《ほ》めて、やる気にさせて、上手《じょうず》に育ててくださったのです。現在、里親として里子の養育に関わる私にとっては、大いなるお手本です。図らずも、いま『天理時報』やラジオ「天理教の時間」などでお使いいただく私の原点は、あのときの父の言葉にあると感じています。果たして、いまの私を見たら、父はなんと言うでしょうか。

いつのころからか、一生に一度は本を出したいと夢を持つようになりました。あるとき、中学からの同級生である榎森彰子《えもりあきこ》さんと再会し、画家として活躍している彼女と「いつかコラボしよう！」と意気投合しました。われながら無謀な約束であったと思います。ところが、なんと二つの夢が一度に叶《かな》うことになりました。ちょっと怖いくらいです。彰子さん、本当にありがとうございます。時は天理教婦人会創立百十周年。成人の道をたどる私たち婦人を、手を引いて、また後ろから押して、お連れ通りくださる教祖の親心を感じます。もっともっと教祖のお心に近づけるよう、もう一度、夫婦で楽しみながら歩みを進めていきたいと思います。

最後になりましたが、今回の出版に当たり、ご尽力いただきました道友社の佐伯元治《さいきもとはる》さん、またスタッフの方々に、心からお礼を申し上げます。

ありがとうございました。

立教百八十三年四月

吉福多恵子

吉福多恵子（よしふく・たえこ）
昭和30年（1955年）、奈良県高市《たかいち》郡高取《たかとり》町生まれ。天理高校卒業後、天理教敷島《しきしま》大教会で女子青年としてつとめ、同52年に結婚、３人の子供を授かる。平成15年（2003年）、里親登録。同21年、専門里親登録。これまで11人の里子の養育に携わり、特に実親支援に力を入れている。天理教濃飛《のうひ》分教会前会長夫人。

きずな新書013
縁《えん》あって「家族《かぞく》」

立教183年（2020年）５月１日　初版第１刷発行

著　者　吉福多恵子

発行所　天理教道友社
〒632-8686　奈良県天理市三島町1番地1
電話　0743（62）5388
振替　00900-7-10367

TENRIKYO DOYUSHA

印刷所　株式会社天理時報社
〒632-0083　奈良県天理市稲葉町80

ISBN978-4-8073-0633-6
定価はカバーに表示